新完全マスター 文法
日本語能力試験 N3
ベトナム語版

友松悦子・福島佐知・中村かおり 著

スリーエーネットワーク

©2015 by Tomomatsu Etsuko, Fukushima Sachi, and Nakamura Kaori

All rights reserved. No part of this publication may be reproduced, stored in a retrieval system or transmitted in any form or by any means, electronic, mechanical, photocopying, recording, or otherwise, without the prior written permission of the Publisher.

Published by 3A Corporation.
Trusty Kojimachi Bldg., 2F, 4, Kojimachi 3-Chome, Chiyoda-ku, Tokyo 102-0083, Japan

ISBN978-4-88319-717-0 C0081

First published 2015
Printed in Japan

はじめに

　日本語能力試験は、1984年に始まった、日本語を母語としない人の日本語能力を測定し認定する試験です。受験者が年々増加し、現在では世界でも大規模の外国語の試験の一つとなっています。試験開始から20年以上経過する間に、学習者が多様化し、日本語学習の目的も変化してきました。そのため、2010年に新しい「日本語能力試験」として内容が大きく変わりました。新しい試験では知識だけでなく、実際に運用できる日本語能力が問われます。本書はこの試験のＮ３レベルの問題集として作成されたものです。

　まず「問題紹介」で、問題の形式とその解法を概観します。次に「実力養成編」で三つの問題形式別に、必要な言語知識を身につけるための学習をします。最後に「模擬試験」で、実際の試験と同じ形式の問題を解いてみることによって、どのくらい力がついたかを確認します。

■本書の特徴
①旧出題基準２、３級、公式サンプル、公式問題集を参考に、Ｎ３の試験で出題されると予測される項目を集積。
②初級後半、中級前半の文法形式を概観できるように編成。初級の総整理をしつつ、Ｎ２レベルにつながる学習を目指すことを示唆。
③簡潔な解説と豊富な練習問題。文章の文法の説明と練習も充実。
④個人的な学習に活用できるように、解説はベトナム語の翻訳付き。自宅学習に最適。

　言語を必要とする課題を遂行するためには、言いたいことが伝わる文や、意味のあるまとまりを持った文章を作るための文法的知識が必要です。そのためには初級後半から中級にかけての学習をおろそかにしないで基礎を固めることが大切だと思います。

　本書が日本語能力試験Ｎ３の受験に役立つと同時に、Ｎ１、Ｎ２の受験への足掛かりになること、そして何よりも、日本語を使ってコミュニケーションする際に役立つことを願っています。

　本書を作成するにあたり、第一編集部の田中綾子さん、山本磨己子さんには鋭いご指摘とご助言を頂きました。心よりお礼申し上げます。

2012年6月　著者

目次　MỤC LỤC

はじめに
本書をお使いになる方へ ix
Thân gửi bạn đọc xiv

問題紹介 2
Giới thiệu các dạng bài 8

実力養成編　Luyện phát triển kỹ năng

第1部　文の文法1

Phần 1: Ngữ pháp câu (1)

意味機能別の文法形式
Hình thái ngữ pháp phân chia theo chức năng ngữ nghĩa

1課　〜とき 16
1．〜うちに…
2．〜間…・〜間に…
3．〜てからでないと…・〜てからでなければ…
4．〜ところだ・〜ところ（＋助詞）…

2課　〜と関係して 18
1．〜とおりだ・〜とおり（に）…・〜どおりだ・〜どおり（に）…
2．〜によって…・〜によっては…
3．〜たびに…
4．（〜ば）〜ほど…・（〜なら）〜ほど…・〜ほど…
5．〜ついでに…

練習（1課・2課）........................ 20

3課　比べれば…・〜がいちばん 22
1．〜くらいだ・〜ぐらいだ・〜くらい…・〜ぐらい…・〜ほどだ・〜ほど…
2．〜くらい…はない・〜ぐらい…はない・〜ほど…はない
3．〜くらいなら…・〜ぐらいなら…
4．〜に限る

4課　〜とは違って 24
1．〜に対して…
2．〜反面…
3．〜一方（で）…
4．〜というより…
5．〜かわりに…

練習（3課・4課）........................ 26

まとめ問題（1課〜4課）........................ 28

5課　〜だから 30
1．〜ためだ・〜ため（に）…
2．〜によって…・〜による
3．〜から…・〜ことから…
4．〜おかげだ・〜おかげで…／〜せいだ・〜せいで…
5．〜のだから…

6課　もし、… 32
1．〜（の）なら…

2．〜ては…・〜（の）では…

3．〜さえ〜ば…・〜さえ〜なら…

4．たとえ〜ても…・たとえ〜でも…

5．〜ば…・〜たら…・〜なら…

練習（5課・6課） 34

7課　〜だそうだ 36
1．〜ということだ・〜とのことだ
2．〜と言われている
3．〜とか
4．〜って
5．〜という

8課　絶対〜ない・
必ず〜とは言えない 38
1．〜はずがない・〜わけがない
2．〜とは限らない
3．〜わけではない・〜というわけではない・〜のではない
4．〜ないことはない
5．〜ことは〜が、…

練習（7課・8課） 40

まとめ問題（1課〜8課） 42

9課　〜と望む 44
1．〜てもらいたい・〜ていただきたい・〜てほしい
2．〜（さ）せてもらいたい・

〜（さ）せていただきたい・
〜（さ）せてほしい

3．〜といい・〜ばいい・〜たらいい

10課　〜したほうがいい・〜なさい 46
1．命令（しろ）／禁止（〜な）
2．〜こと
3．〜べきだ・〜べき／〜べきではない
4．〜たらどうか

練習（9課・10課） 48

11課　〜（よ）うと思う 50
1．〜ことにする・〜ことにしている
2．〜ようにする・〜ようにしている
3．〜（よ）うとする
4．〜つもりだ

12課　敬語　Kính ngữ 52
1．尊敬語　Tôn kính ngữ
2．謙譲語1　Khiêm tốn ngữ (1)
3．謙譲語2　Khiêm tốn ngữ (2)
4．丁寧語　Từ lịch sự

練習（11課・12課） 54

まとめ問題（1課〜12課） 56

文法形式の整理
Tóm tắt các hình thái ngữ pháp

A　いろいろな働きをする助詞 58
　　Trợ từ có nhiều chức năng

(ワンポイントレッスン)

「も」と「しか」、「ぐらい・くらい」と「まで」

B　助詞のような働きをする言葉 62
　　Từ có chức năng như trợ từ

　1．〜について…
　2．〜に対して…・〜に対する
　3．〜によって…
　4．〜にとって…
　5．〜として…

(ワンポイントレッスン)

「〜について」と「〜に対して」と「〜にとって」

C　「こと・の」の使い方 66
　　Cách dùng của こと, の

(ワンポイントレッスン)

「物」と「こと」

D　「よう」のいろいろな使い方 70
　　Các cách dùng của よう

　1．〜(かの)ようだ・〜のようだ・
　　　〜(かの)ように…・〜のように…
　2．〜ように…
　3．〜ように…
　4．〜ように…・〜ようにと…・〜よう…

(ワンポイントレッスン)

「〜ように」と「〜ために」

E　「わけ」のいろいろな使い方 74
　　Các cách dùng của わけ

　1．〜わけだ・〜というわけだ
　2．〜わけにはいかない
　3．〜ないわけにはいかない

(ワンポイントレッスン)

「〜はずだ」と「〜わけだ」

まとめ問題（A〜E）............................... 78

F　「ばかり」のいろいろな使い方 80
　　Các cách dùng của ばかり

　1．〜ばかり…
　2．〜てばかりいる
　3．〜ばかりでなく…
　4．〜ばかりだ
　5．〜たばかりだ

(ワンポイントレッスン)

「〜たばかり」と「〜たところ」

G　「する・なる」の整理 84
　　Tóm tắt cách dùng của する, なる

(ワンポイントレッスン)

「〜ようにしている」と「〜ようになっている」

H　「たら・ば・と・なら」の
　　特別な使い方 88
　　Cách dùng đặc biệt của たら, ば, と, なら

1．〜と…た・〜たら…た

2．〜と…た

3．〜も…ば〜も…・〜も…なら〜も…

ワンポイントレッスン

仮定を表す「〜たら…・〜ば…・〜と…」の注意

I　後に決まった表現が来る副詞 92
　　Các phó từ đứng trước các cách nói cố định

J　動詞や名詞の意味を広げる
　　文法形式 96
　　Các hình thái ngữ pháp mở rộng ý nghĩa cho động từ và danh từ

ワンポイントレッスン

「〜らしい」と「〜のようだ・〜みたいだ」

まとめ問題（A〜J）................................. 100

第2部　文の文法2

Phần 2: Ngữ pháp câu (2)

1課　文の組み立て−1　引用 104
　　Lắp ghép câu (1): Trích dẫn

2課　文の組み立て−2　名詞の説明 .. 106
　　Lắp ghép câu (2): Giải thích cho danh từ

3課　文の組み立て−3
　　「〜という・〜といった」............. 108
　　Lắp ghép câu (3): 〜という、〜といった

4課　文の組み立て−4　決まった形 .. 110
　　Lắp ghép câu (4): Các dạng cố định

まとめ問題（1課〜4課）....................... 112

第3部　文章の文法

Phần 3: Ngữ pháp trong văn bản

1課　文の始めと終わりの対応 116
　　Sự đối xứng giữa đầu và cuối câu

2課　時制・〜ている 118
　　Thời của câu, 〜ている

まとめ問題（1課・2課）....................... 120

3課　話者が見る位置を動かさない手段−1
　　他動詞・自動詞 122
　　Cách thức không làm thay đổi điểm nhìn của người nói (1): ngoại động từ, nội động từ

4課　話者が見る位置を動かさない手段−2
　　〜てくる・〜ていく 124
　　Cách thức không làm thay đổi điểm nhìn của người nói (2): 〜てくる、〜ていく

まとめ問題（3課・4課）....................... 126

5課　話者が見る位置を動かさない手段−3
　　受身・使役・使役受身 128
　　Cách thức không làm thay đổi điểm nhìn của người nói (3): bị động, sai khiến, bị động sai khiến

6課　話者が見る位置を動かさない手段−4
　　〜てあげる・〜てもらう・〜てくれる
　　........ 130
　　Cách thức không làm thay đổi điểm nhìn của người nói (4): 〜てあげる, 〜てもらう, 〜てくれる

まとめ問題（5課・6課） 132

7課 こ・そ・あ 134

8課 は・が 136

まとめ問題（7課・8課） 138

9課 接続表現 140
　　　Liên từ

10課 文章の雰囲気の統一 142
　　　Thống nhất văn phong trong văn bản

まとめ問題（9課・10課） 144

模擬試験　Đề thi mẫu

第1回 148
第2回 152

索引　Bảng tra từ 156

別冊　解答　Đáp án

本書をお使いになる方へ

■本書の目的

この本の目的は二つです。
①日本語能力試験Ｎ３の試験に合格できるようにします。
②試験対策だけでなく、全般的な「文法」の勉強ができます。

■日本語能力試験Ｎ３文法問題とは

日本語能力試験Ｎ３は、「言語知識（文字・語彙）」（試験時間30分）「言語知識（文法）・読解」（試験時間70分）と「聴解」（試験時間40分）の三つに分かれていて、文法問題は「言語知識（文法）・読解」の一部です。文法問題は３種類あります。

- Ⅰ　文の文法１（その文に適切に当てはまる文法形式を選ぶ問題）
- Ⅱ　文の文法２（文を正しく組み立てる問題）
- Ⅲ　文章の文法（まとまりを持った文章にするための適切な言葉を選ぶ問題）

■本書の構成

この本は、以下のような構成です。

問題紹介

実力養成編　第１部　文の文法１
　　　　　　　　・意味機能別の文法形式（１課〜12課）
　　　　　　　　・文法形式の整理（Ａ〜Ｊ）
　　　　　　　第２部　文の文法２（１課〜４課）
　　　　　　　第３部　文章の文法（１課〜10課）

模擬試験

詳しい説明をします。

問題紹介　　問題形式別の解き方を知り、全体像をつかんでから学習を始めます。

実力養成編　第１部　文の文法１
　　　　　　　　|1課〜12課|：Ｎ３レベルで出題が予想される文法形式を意味機能別に学習します。（どんな意味か、どんな文法的性質を持っているか、どんな場面で使うかなど）
　　　　　　　　・２課ごとに確認の練習問題（ａ〜ｃの中から最もよいものを選ぶ形式）
　　　　　　　　・４課ごとに学習した課までのまとめ問題（実際の試験と同じ形式）

A〜J：文法形式を整理して学習します。また、間違えやすい点を「ワンポイントレッスン」で確認します。
・各課に確認の練習問題(いろいろな形式)
・5課ごとに学習した課までのまとめ問題(実際の試験と同じ形式)

第2部　文の文法2

文を組み立てるために必要な知識を学習します。(ある人の言葉を文の中に入れ込む形・名詞を修飾するときの決まった形・決まった組み合わせになる文法形式など)
・各課に確認の練習問題(実際の試験と同じ形式)
・4課分のまとめ問題(実際の試験と同じ形式)

第3部　文章の文法

まとまりのある文章にするための手段を学習します。(文の始めと終わりが正しく対応した構造の文、指示語、接続表現、視点を統一するための文法形式など)
・2課ごとにまとめ問題(実際の試験と同じ形式)

模擬試験　実際の試験と同じ形式の問題です。実力養成編で学習した広い範囲から問題を作ってありますから、総合的にどのぐらい力がついたかを確認することができます。

■凡例

文を作るときは、それぞれの文法形式に合うように、前に来る語の形を整えなければなりません。
接続の形：

品詞	接続する形	例
動詞	動ない形	歩けない　＋ことはない(第1部8課)
	動 ~~ない~~	帰ら　＋せていただきたい(第1部9課)
	動ます	わかり　＋やすい(第1部J)
	動辞書形	電話をかける　＋たびに(第1部2課)
	動ば形	聞けば　＋いい(第1部9課)
	動 ~~ば~~	走れ(第1部10課)
	動う・よう形	出よう　＋とする(第1部11課)
	動て形	手伝って　＋もらいたい(第1部9課)
	動た形	買った　＋ばかりだ(第1部F)

	動たら	休んだら ＋どうか(第1部10課)	
	動ている	昼寝をしている ＋間に(第1部1課)	
	動てある	書いてある ＋とおり(第1部2課)	
イ形容詞	イ形い	明るい ＋うちに(第1部1課)	
	イ形い-くて	高くて ＋も(第1部6課)	
	イ形い-ければ	多ければ(第1部6課)	
ナ形容詞	ナ形な	元気な ＋うちに(第1部1課)	
	ナ形な-で	面倒で ＋も(第1部6課)	
	ナ形なら	丈夫なら(第1部6課)	
名詞	名	国 ＋によって(第1部2課)	
	名の	留守の ＋間(第1部1課)	
	名で	学生で ＋も(第1部6課)	
	名なら	学生なら(第1部6課)	
その他	普通形	優勝するだろう ＋と言われている(第1部7課)	
	普通形(例外)		
	ナ形だ-な	気楽な ＋反面(第1部4課)	
	ナ形だ-である	複雑である ＋わけがない(第1部8課)	
	名だ-の	休みの ＋はずがない(第1部8課)	
	名だ-な	子どもな ＋のだから(第1部5課)	
	名だ-である	無料である ＋はずがない(第1部8課)	
	名する-の	散歩の ＋ついでに(第1部2課)	

(注)名する：名詞に「する」がつく動詞(散歩する、見学するなど)の名詞部分「散歩、見学」

接続のし方：

例1 「～によって…・～によっては…」(第1部2課)

> 名 ＋によって・によっては

①名詞に接続します。
  例・国によって習慣が違う。

例2　「～はずがない・～わけがない」(第1部8課)

> ⌇ 普通形（ナ形 だ -な／-である・名 だ -の／-である）　+はずがない・わけがない

①普通形に接続します。

例・ちゃんと約束したんだから、彼が<u>来ない</u>はずがない。
　・こんなに大きい家、わたしに<u>買える</u>わけがないでしょう。

②ただし、ナ形容詞 と 名詞 の現在肯定形は「～だ」の形ではなく、「～な」「～である」「～の」の形に接続します。

例・木村さんが今**ひまな**<u>はずがない</u>。
　・子どものおもちゃがそんなに**複雑である**<u>わけがない</u>。
　・あの店が今日**休みの**<u>はずはありません</u>。

＊「～な」を使うか「～である」を使うかは、その文の硬さで決まることが多いです。
＊ナ形容詞と名詞の現在肯定形の「～だ」を省略することがある場合は、(だ)と書いてあります。
＊この本では、あまり使わない接続のし方は書いてありません。

■解説で使っている記号と言葉

記号	意味
⌇	接続のし方
☞	文法形式の意味と、使い方の注意
→第○部○課	同じ形の文法形式がある課

☞ の中で使っている次の言葉は文法的な性質を学習するときの大切な言葉です。

言葉	意味
話者の希望・意向を表す文	「～たい・～(よ)うと思う・～つもりだ」など、話者があることをする気持ちを持っていることを表す文
働きかけの文	「～てください・～ましょう・～ませんか」など、話者が相手に何かをするように言う文

■ **表記**

基本的に常用漢字（1981年10月内閣告示）にあるものは漢字表記にしました。ただし、著者らの判断でひらがな表記の方がいいと思われるものは例外としてひらがな表記にしてあります。
例文も解説もすべてふりがなをつけてあります。

■ **学習時間**

授業で使う場合の1課の授業時間の目安は以下のとおりです。ただし、ゆっくり進むかスピードアップするかによって時間数を加減することはできるでしょう。個人で学習する場合は、自分の学習スタイルに合わせて時間数を調整してください。

  第1部：1課につき　　50分授業×2コマ
  第2部：1課につき　　50分授業×1コマ
  第3部：1課につき　　50分授業×2コマ

Thân gửi bạn đọc

■ Mục đích của cuốn sách

Cuốn sách này được biên soạn với 2 mục đích:

① Giúp người học đỗ được kỳ thi Năng lực tiếng Nhật cấp độ N3.

② Không chỉ là tài liệu luyện thi mà còn giúp người học học tốt các dạng ngữ pháp một cách tổng quát.

■ Đề thi ngữ pháp của kỳ thi Năng lực tiếng Nhật cấp độ N3 là gì?

Kỳ thi Năng lực tiếng Nhật cấp độ N3 được chia thành 3 phần: "Kiến thức ngôn ngữ (chữ - từ vựng)" (thời gian thi: 30 phút), "Kiến thức ngôn ngữ (ngữ pháp) – Đọc hiểu" (thời gian thi: 70 phút) và "Nghe hiểu" (thời gian thi: 40 phút). Trong đó, đề thi ngữ pháp là một phần trong đề thi "Kiến thức ngôn ngữ (ngữ pháp) – Đọc hiểu".

Cụ thể hơn, đề thi ngữ pháp bao gồm 3 dạng:

I 文の文法1 : Ngữ pháp câu (1) (dạng bài lựa chọn hình thái ngữ pháp phù hợp với câu văn đó)

II 文の文法2 : Ngữ pháp câu (2) (dạng bài lắp ghép thành câu sao cho chính xác)

III 文章の文法 : Ngữ pháp trong văn bản (dạng bài chọn từ thích hợp để tạo thành một văn bản hoàn chỉnh)

■ Cấu trúc của sách

Cuốn sách được cấu trúc như sau:

問題紹介 (Giới thiệu các dạng bài)

実力養成編 (Luyện phát triển kỹ năng)

　　第1部　文の文法1 (Phần 1: Ngữ pháp câu (1))

　　　　・Các hình thái ngữ pháp phân chia theo chức năng ngữ nghĩa (Bài 1 ~ Bài 12)

　　　　・Tóm tắt các hình thái ngữ pháp (A ~ J)

　　第2部　文の文法2 (Phần 2: Ngữ pháp câu (2) (Bài 1 ~ Bài 4))

　　第3部　文章の文法 (Phần 3: Ngữ pháp trong văn bản (Bài 1 ~ Bài 10))

模擬試験 (Đề thi mẫu)

Sau đây là những giải thích rõ hơn.

問題紹介 (Giới thiệu các dạng bài)

Giúp người học nắm được cách làm riêng của từng dạng bài, có thể bắt tay vào việc học ngay sau khi nắm rõ tổng quan đề thi.

実力養成編 (Luyện phát triển kỹ năng)

　第1部　文の文法1 (Phần 1: Ngữ pháp câu (1))

　　Bài 1~Bài 12 : Ở cấp độ N3, các bạn sẽ học các hình thái ngữ pháp có thể xuất hiện trong đề thi phân chia theo chức năng ngữ nghĩa. (Ví dụ: có ý nghĩa gì, mang tính chất ngữ pháp gì, được sử dụng trong hoàn cảnh nào, v.v.)

- Cứ sau mỗi 2 bài sẽ có một bài luyện tập để kiểm tra lại kiến thức các bạn thu được (theo hình thức lựa chọn đáp án thích hợp nhất từ a ~ c)
- Cứ sau mỗi 4 bài sẽ có một bài tóm lược lại nội dung học từ bài đầu đến bài vừa học (theo hình thức giống với đề thi thật)

A~J : Các bạn sẽ học theo sự sắp xếp các hình thái ngữ pháp, và sẽ tự xác nhận lại những điểm dễ nhầm tại phần "ワンポイントレッスン".

- Mỗi bài đều có phần bài tập luyện tập để kiểm tra lại kiến thức các bạn thu được (theo nhiều hình thức)
- Cứ sau mỗi 5 bài sẽ có một bài tóm tắt lại nội dung đã học từ bài đầu đến bài vừa học (theo hình thức giống với đề thi thật)

第2部 文の文法2 (Phần 2: Ngữ pháp câu (2))

Trong phần này các bạn sẽ học những kiến thức cần thiết để lắp ghép câu. (Ví dụ: dạng đưa lời của một ai đó nói vào trong câu, dạng cố định khi bổ sung ý nghĩa cho một danh từ nào đó, dạng thức ngữ pháp liên kết các yếu tố cố định, v.v.)

- Mỗi bài sẽ có bài luyện tập để xác nhận kiến thức các bạn thu được (theo hình thức giống với đề thi thật)
- Sau toàn bộ 4 bài sẽ có một bài tổng hợp lại nội dung đã học (theo hình thức giống với đề thi thật)

第3部 文章の文法 (Phần 3: Ngữ pháp trong văn bản)

Các bạn sẽ học cách tạo ra một văn bản có sự gắn kết về nội dung. (Ví dụ: câu văn có cấu tạo đối xứng giữa đầu và cuối câu, từ để chỉ, các liên từ, hình thái ngữ pháp tạo ra sự thống nhất về điểm nhìn, v.v.)

- Cứ 2 bài sẽ có một bài luyện tập tổng hợp (theo hình thức giống với đề thi thật)

模擬試験 (Đề thi mẫu)

Là đề thi với các dạng bài có hình thức giống đề thi thật. Việc soạn ra bộ đề này từ phạm vi rộng lớn mà các bạn được học trong phần *Luyện phát triển kỹ năng* sẽ giúp các bạn xác nhận được khả năng của mình đang ở mức độ nào một cách tổng hợp.

■ Chú thích

Khi đặt câu, người học phải điều chỉnh hình thức của từ đứng trước sao cho phù hợp với từng hình thái ngữ pháp.

Dạng kết hợp:

Từ loại	Dạng kết hợp	Ví dụ
Động từ	動 ない形	歩けない ＋ことはない (Bài 8, Phần 1)
	動 ~~ない~~	帰ら ＋せていただきたい (Bài 9, Phần 1)
	動 ~~ます~~	わかり ＋やすい (J, Phần 1)
	動 辞書形	電話をかける ＋たびに (Bài 2, Phần 1)

	動ば形	聞けば ＋いい (Bài 9, Phần 1)
	動ば	走れ (Bài 10, Phần 1)
	動う・よう形	出よう ＋とする (Bài 11, Phần 1)
	動て形	手伝って ＋もらいたい (Bài 9, Phần 1)
	動た形	買った ＋ばかりだ (Bài 1, Phần F)
	動たら	休んだら ＋どうか (Bài 10, Phần 1)
	動ている	昼寝をしている ＋間に (F, Phần 1)
	動てある	書いてある ＋とおり (Bài 2, Phần 1)
Tính từ đuôi イ	イ形い	明るい ＋うちに (Bài 1, Phần 1)
	イ形い-くて	高くて ＋も (Bài 6, Phần 1)
	イ形い-ければ	多ければ (Bài 6, Phần 1)
Tính từ đuôi ナ	ナ形な	元気な ＋うちに (Bài 1, Phần 1)
	ナ形な-で	面倒で ＋も (Bài 6, Phần 1)
	ナ形なら	丈夫なら (Bài 6, Phần 1)
Danh từ	名	国 ＋によって (Bài 2, Phần 1)
	名の	留守の ＋間 (Bài 1, Phần 1)
	名で	学生で ＋も (Bài 6, Phần 1)
	名なら	学生なら (Bài 6, Phần 1)
Khác	普通形	優勝するだろう ＋と言われている (Bài 7, Phần 1)
	普通形 (Trường hợp ngoại lệ)	
	ナ形だ-な	気楽な ＋反面 (Bài 4, Phần 1)
	ナ形だ-である	複雑である ＋わけがない (Bài 8, Phần 1)
	名だ-の	休みの ＋はずがない (Bài 8, Phần 1)
	名だ-な	子どもな ＋のだから (Bài 5, Phần 1)
	名だ-である	無料である ＋はずがない (Bài 8, Phần 1)
	名する-の	散歩の ＋ついでに (Bài 2, Phần 1)

Chú ý: 名する：Bộ phận danh từ "散歩, 見学" của động từ (散歩する, 見学する, v.v.) có する đi sau danh từ.

Cách kết hợp:

Ví dụ 1　「～によって…・～によっては…」(Bài 2, Phần 1)

> 🔗 名 ＋によって・によっては

① Kết hợp với danh từ.

Ví dụ ・国(くに)によって習慣(しゅうかん)が違(ちが)う。

Ví dụ 2　「～はずがない・～わけがない」(Bài 8, Phần 1)

> 🔗 普通形 (ナ形 だ -な／-である・名 だ -の／-である)　＋はずがない・わけがない

① Kết hợp với thể thông thường.

Ví dụ ・ちゃんと約束(やくそく)したんだから、彼(かれ)が来(こ)ないはずがない。
・こんなに大(おお)きい家(いえ)、わたしに買(か)えるわけがないでしょう。

② Tuy nhiên, khi kết hợp với dạng khẳng định ở thời hiện tại của tính từ đuôi ナ và danh từ thì không dùng dạng "～だ" mà kết hợp với dạng "～な", "～である", "～の".

Ví dụ ・木村(きむら)さんが今(いま)ひまなはずがない。
・子(こ)どものおもちゃがそんなに複雑(ふくざつ)であるわけがない。
・あの店(みせ)が今日(きょう)休(やす)みのはずはありません。

* Việc sử dụng "～な" hay "～である" phần lớn phụ thuộc vào văn phong của câu văn là văn nói hay văn viết.

* Trường hợp lược bớt "～だ" trong dạng khẳng định ở thời hiện tại của tính từ đuôi ナ và danh từ thì khi đó sách sẽ được ghi là (だ).

* Trong cuốn sách này chúng tôi không đề cập đến những cách kết hợp ít được sử dụng.

■ Những kí hiệu và từ ngữ được sử dụng để giải thích

Kí hiệu	Ý nghĩa
🔗	Cách kết hợp
☞	Chú ý về ý nghĩa và cách sử dụng của hình thái ngữ pháp
→第○部○課	Bài có những hình thái ngữ pháp giống nhau

Các từ sau đây sử dụng trong (☞) là những từ quan trọng khi học về tính chất ngữ pháp.

Từ ngữ	Ý nghĩa
話者の希望・意向を表す文 Câu văn thể hiện nguyện vọng, ý định của người nói	Câu văn thể hiện rằng người nói đang có ý muốn làm một điều gì đó "〜たい・〜（よ）うと思う・〜つもりだ"...
働きかけの文 Câu văn mang ý kêu gọi	Câu văn mà người nói nói để đối phương làm một điều gì đó "〜てください・〜ましょう・〜ませんか"...

■ Hệ thống kí tự sử dụng trong cuốn sách

Về cơ bản, khi biên soạn sách, chúng tôi sử dụng chữ Hán nằm trong phạm vi chữ Hán thông dụng (do Nội các công bố tháng 10 năm 1981). Tuy nhiên, những phần theo nhóm biên soạn nhận định nên để Hiragana sẽ tốt hơn thì sẽ được kí hiệu bằng Hiragana như một ngoại lệ. Đồng thời, toàn bộ phần ví dụ và giải thích đều có đề phiên âm.

■ Thời gian học

Dưới đây, chúng tôi xin đưa ra gợi ý về thời gian học cho mỗi bài trong trường hợp sử dụng sách trên lớp. Tuy nhiên, bạn đọc hoàn toàn có thể điều chỉnh thời gian bằng cách tiến hành học chậm hơn hoặc nhanh hơn. Với trường hợp tự học, bạn đọc hãy điều chỉnh thời lượng sao cho phù hợp với cách học của bản thân.

Phần 1: tiết học 50 phút x 2 tiết/1 bài

Phần 2: tiết học 50 phút x 1 tiết/1 bài

Phần 3: tiết học 50 phút x 2 tiết/1 bài

問題紹介

I 文の文法1（文法形式の判断）

文の意味を考え、それに合う文法形式を判断する問題です。

つぎの文の（　　）に入れるのに最もよいものを、1・2・3・4から一つえらびなさい。

【例題1】

米は多くの国で主食（　　）食べられている。

1　として　　　2　に対して　　　3　によって　　　4　にとって

【例題2】

妻「うーん。おなかが痛い。」
夫「がまんできない（　　）、病院へ行ったほうがいいよ。」

1　までなら　　　2　ほどなら　　　3　までには　　　4　ほどには

---

2 ── 問題紹介

　【例題1】では、(　　)の前後のことがら(「主食」と「食べられている」)の関係を考えます。「米」は「主食」と考えられて「食べられている」ので、正しい答えは「1　として」です。

　【例題2】のように、文法形式の組み合わせが問われることもあります。会話形式の問題では、会話の相手の文が、どんな文を作ればいいかを考える手がかりになります。(　　)の前の「がまんできない」は妻が言っている痛さの程度を表すので、「〜ほどだ」という文法形式が合います。また、(　　)の後は妻の様子を見た夫の判断を言っている文なので、「〜なら」が合います。ですから、正しい答えは「〜ほどだ」と「〜なら」の組み合わせの「2　ほどなら」です。

　このタイプの問題では、文法形式の意味機能や接続の形を正確に知っていることが大切です。

　この部分については「実力養成編　第1部　文の文法1」で詳しく学習します。

I　文の文法1(文法形式の判断)　——　3

Ⅱ 文の文法２（文の組み立て）

いくつかの語句を並べ替えて、文法的に正しく、意味がわかる文を作る問題です。四つの選択肢のうち★の位置になるものを選びます。★の位置は、3番目以外のこともあります。

つぎの文の ___★___ に入る最もよいものを、1・2・3・4から一つえらびなさい。

【例題３】
　　この仕事を_____ _____ ★ _____考えよう。

　　1　どうやって　　　2　いいのか　　　3　いったら　　　4　進めて

【例題４】
　　A「来週の天気はどうでしょうね。」
　　B「火曜日_____ _____ ★ _____という予報ですよ。」

　　1　寒くなる　　　　2　木曜日　　　　3　にかけて　　　4　から

　【例題3】の下線の部分には、選択肢に「1　どうやって」があるので、「2　いいのか」をいっしょに使って「どうやって〜か」という疑問文を作ることがわかります。残っている「3　いったら」「4　進めて」と組み合わせると、「この仕事をどうやって進めていったらいいのか考えよう」という文ができるので、★の位置になるのは「3　いったら」です。

　【例題4】は会話形式の問題です。選択肢の中の「4　から」と「3　にかけて」に注目すると、「〜から〜にかけて…」という文法形式を使った文を作ることがわかります。「から」の前にも「にかけて」の前にも名詞が来るので、「火曜日から木曜日にかけて寒くなるという予報ですよ」という文ができます。★の位置になるのは「3　にかけて」です。

　このタイプの問題では「第1部　文の文法1」で学ぶ表現の意味機能だけでなく、
・その文法形式につく品詞
・組み合わせになる表現
などを知っていることが大切です。

　この部分については「実力養成編　第2部　文の文法2」で詳しく学習します。

Ⅲ 文章の文法

まとまった長さの文章の中で、その文脈に合う文法形式などを選ぶ問題です。
・文法的に正しい文にするための言葉を選ぶ問題
・まとまりがある文章にするための言葉を選ぶ問題　　　　があります。

【例題5】 つぎの文章を読んで、文章全体の内容を考えて、 1 から 5 の中に入る最もよいものを、1・2・3・4から一つえらびなさい。

下の文章は、日本の大学で勉強している留学生のキムさんが、「林先生の授業から学んだこと」について書いた作文である。

林先生の授業から学んだこと

キム　ミナ

　林先生は、わたしたちに政治学の基礎を教えてくださっている先生です。林先生の 1 、教師が一方的に知識を伝え、学生は黙って教わる、というやり方ではありません。先生は少し説明した後、 2 、それぞれの意見を聞いていきます。いろいろな意見が出て混乱してきたところで、先生はどのように整理して考えればいいか、ヒントを 3 のです。

　わたしはこのような授業に慣れていなかったので、初めは変な質問をしたり変な意見を言ったりしたら笑われるのではないかと心配で、あまり発言できませんでした。 4 、いろいろな人の意見を聞いているうちに、思っていることを口に出してみることはとても大切だと学びました。今はわたしも勇気を持ってどんどん 5 。

1　1　授業から　　2　授業には　　3　授業は　　4　授業で

2　1　学生たちにたくさんの質問をし　　2　いろいろなことが質問されて
　　3　学生たちはいろいろ考え　　　　　4　学生たちが質問をしたり

3　1　与えてあげる　2　与えてくれる　3　与えてもらう　4　与えさせる

4　1　しかも　　2　しかし　　3　したがって　　4　また

5　1　発言できるようになるでしょう　　2　発言できるようにしたのです
　　3　発言するようにしています　　　　4　発言するようになります

【例題5】の 1 は、文の終わりとの正しい対応を考える問題です。この文の終わりは「やり方ではありません」ですから、文の始めには対応する主語が必要です。主語になるのは3です。

 2 では、主題の「は」の使い方が大切です。「先生は」で始まる文なので、 2 の中も主語は「先生」になるはずですから、1が正しい答えです。

 3 は、だれの側からものごとを見るかが大切です。文脈から、「先生が（ヒントを）与える」という内容の文だとわかります。そして、「与える」という行為を受けるのは「わたし（たち）」なので、2が正しい答えです。

 4 は、前の内容とのつながりを考えて、接続表現を選ぶ問題です。初めのころの状況を説明してから、それと違う今の状況を言っているので、2が正しい答えです。

 5 では、まず「今は」と文の内容が合うのは2と3です。そして、ここでは「わたし」が心がけていることを表す3が合うと判断できます。

このタイプの問題では、次のようなことについて判断できる力が必要です。

・文の始めと終わりの正しい対応
　例 わたしの将来の夢は ｛ 自分の店を持つことです。 / × 自分の店を持ちたいです。 ｝

・その文脈での条件に合う形式
　例 教室でリーさんの話をしているとき、リーさんが教室に ｛ 入ってきた。 / × 入っていった。 ｝

・文と文のつながり
　例 この日本語教室はとても役に立つ。 ｛ しかも / × したがって ｝ 無料だ。

これらについては「実力養成編　第3部　文章の文法」で詳しく学習します。

I. Ngữ pháp câu (1): Phán đoán hình thái ngữ pháp

Là dạng bài tư duy ý nghĩa của câu và phán đoán hình thái ngữ pháp phù hợp với câu đó.

つぎの文の（　　）に入れるのに最もよいものを、1・2・3・4から一つえらびなさい。

Ví dụ 1:

米は多くの国で主食（　　）食べられている。

1　として　　　　2　に対して　　　　3　によって　　　　4　にとって

Ví dụ 2:

妻「うーん。おなかが痛い。」

夫「がまんできない（　　）、病院へ行ったほうがいいよ。」

1　までなら　　　2　ほどなら　　　　3　までには　　　　4　ほどには

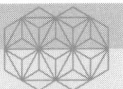

Trong **Ví dụ 1**, chúng ta sẽ suy nghĩ đến mối quan hệ giữa hai cụm từ phía trước và phía sau ngoặc đơn, cụ thể là mối quan hệ giữa "主食" (món chính) và "食べられている" (được ăn). "米" (gạo) thì "食べられている" và được coi là "主食" nên câu trả lời chính xác sẽ là "1 として".

Giống như **Ví dụ 2**, có những trường hợp đề bài sẽ yêu cầu kết hợp các hình thái ngữ pháp. Trong dạng bài có hình thức hội thoại như thế này, câu nói của đối phương trong hội thoại có thể sẽ trở thành gợi ý để xác định nên đáp lại như thế nào. Cụm từ "がまんできない" (không thể chịu đựng nổi) đứng trước ngoặc đơn thể hiện mức độ đau của người vợ nên cụm từ đó sẽ phù hợp với "～ほどだ". Hơn thế nữa, phía sau ngoặc đơn là mệnh đề thể hiện phán đoán của người chồng khi nhìn thấy tình trạng của vợ, vì vậy "～なら" là phù hợp. Do đó, câu trả lời đúng sẽ là "2 ほどなら" là sự kết hợp giữa "～ほどだ" và "～なら".

Với dạng bài này, điều quan trọng chính là việc nắm được chính xác chức năng ngữ nghĩa và dạng kết hợp của các hình thái ngữ pháp.

Về phần này, bạn sẽ học cụ thể hơn ở *Phần 1: Ngữ pháp câu (1)*.

II. Ngữ pháp câu (2): Lắp ghép câu

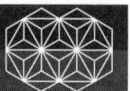

Là dạng bài sắp xếp lại một số cụm từ để tạo ra câu có ý nghĩa hoàn chỉnh và đúng ngữ pháp. Từ 4 phương án trả lời cần chọn ra phương án thích hợp để đặt vào vị trí ★. Cũng có những trường hợp vị trí ★ nằm ở chỗ trống khác mà không phải là nằm ở chỗ trống thứ 3 của câu.

つぎの文の ★ に入る最もよいものを、1・2・3・4から一つえらびなさい。

Ví dụ 3:
この仕事を＿＿＿ ＿＿＿ ★ ＿＿＿考えよう。

1　どうやって　　2　いいのか　　3　いったら　　4　進めて

Ví dụ 4:
A「来週の天気はどうでしょうね。」
B「火曜日＿＿＿ ＿＿＿ ★ ＿＿＿という予報ですよ。」

1　寒くなる　　2　木曜日　　3　にかけて　　4　から

Trường hợp **Ví dụ 3** ở phần kẻ gạch chân trong phương án trả lời có "1 どうやって" nên nếu sử dụng với "2 いいのか" sẽ tạo ra câu nghi vấn là "どうやって～か". Nếu ghép với các phương án còn lại là "3 いったら" và "4 進めて" sẽ được câu "この仕事をどうやって進めていったらいいのか考えよう (Chúng ta hãy nghĩ xem làm thế nào để xúc tiến công việc này.)". Vì vậy, phương án phù hợp đặt vào vị trí ★ sẽ là "3 いったら".

Ví dụ 4 là dạng bài theo hình thức hội thoại. Nếu để ý đến "4 から" và "3 にかけて" trong các phương án trả lời thì sẽ nhận ra câu văn này sử dụng hình thái ngữ pháp "～から～にかけて… (từ ~ đến…)". Trước "から" cũng như trước "にかけて" đều phải là danh từ, vậy nên ta sẽ có được câu hoàn chỉnh là "火曜日から木曜日にかけて寒くなるという予報ですよ (Từ thứ ba đến thứ năm dự báo trời sẽ trở lạnh đấy.)". Do đó, phương án phù hợp đặt vào vị trí ★ sẽ là "3 にかけて".

Với dạng bài này, điều quan trọng không chỉ là nắm được chức năng ngữ nghĩa của các cách biểu hiện được học ở *Phần 1: Ngữ pháp câu (1)* mà còn ở chỗ nắm được:

· Từ loại có thể liên kết với hình thái ngữ pháp đó.
· Các cách diễn đạt có thể liên kết với nhau, v.v..

Về phần này, bạn sẽ học cụ thể hơn ở *Phần 2: Ngữ pháp câu (2)*.

III. Ngữ pháp trong văn bản

Là dạng bài lựa chọn các hình thái ngữ pháp phù hợp với ngữ cảnh của một văn bản dài. Cụ thể có 2 loại:
- Lựa chọn từ ngữ để tạo ra câu văn chính xác về mặt ngữ pháp.
- Lựa chọn từ ngữ để tạo ra văn bản có trật tự chặt chẽ.

Ví dụ 5: つぎの文章を読んで、文章全体の内容を考えて、<u>1</u>から<u>5</u>の中に入る最もよいものを、1・2・3・4から一つえらびなさい。

下の文章は、日本の大学で勉強している留学生のキムさんが、「林先生の授業から学んだこと」について書いた作文である。

林先生の授業から学んだこと

キム　ミナ

　林先生は、わたしたちに政治学の基礎を教えてくださっている先生です。林先生の　1　、教師が一方的に知識を伝え、学生は黙って教わる、というやり方ではありません。先生は少し説明した後、　2　、それぞれの意見を聞いていきます。いろいろな意見が出て混乱してきたところで、先生はどのように整理して考えればいいか、ヒントを　3　のです。

　わたしはこのような授業に慣れていなかったので、初めは変な質問をしたり変な意見を言ったりしたら笑われるのではないかと心配で、あまり発言できませんでした。　4　、いろいろな人の意見を聞いているうちに、思っていることを口に出してみることはとても大切だと学びました。今はわたしも勇気を持ってどんどん　5　。

1	1 授業から	2 授業には	3 授業は	4 授業で
2	1 学生たちにたくさんの質問をし		2 いろいろなことが質問されて	
	3 学生たちはいろいろ考え		4 学生たちが質問をしたり	
3	1 与えてあげる	2 与えてくれる	3 与えてもらう	4 与えさせる
4	1 しかも	2 しかし	3 したがって	4 また
5	1 発言できるようになるでしょう		2 発言できるようにしたのです	
	3 発言するようにしています		4 発言するようになります	

Trong **Ví dụ 5**, ☐1☐ là dạng bài phải suy nghĩ cách xử lý chính xác với các phần cuối câu. Cuối câu này kết thúc là "やり方ではありません" nên phần đầu câu cần có chủ ngữ tương ứng. Vậy thì đáp án 3 sẽ là chủ ngữ phù hợp nhất.

Với ☐2☐ điều quan trọng lại là cách dùng "は" ở chủ ngữ. Vì câu này được mở đầu bằng "先生は" nên trong ☐2☐ chủ ngữ chắc chắn vẫn là "先生". Vậy đáp án sẽ là số 1.

Với ☐3☐ điều quan trọng là sự việc được nhìn nhận từ góc độ của ai. Từ văn cảnh chúng ta hiểu được nội dung của câu này là "先生が（ヒントを）与える (Giáo viên đưa ra (gợi ý))". Đối tượng tiếp nhận hành động "与える" không ai khác chính là "わたし（たち）" nên 2 là đáp án đúng.

☐4☐ là dạng bài yêu cầu suy nghĩ về mối liên hệ với nội dung phía trước rồi lựa chọn liên từ phù hợp. Sau khi giải thích tình hình ban đầu sẽ chuyển sang nói về tình hình hiện tại với những khác biệt. Do đó 2 là đáp án đúng.

Ở ☐5☐ do có từ "今は" nên đáp án tạm thời phù hợp với câu này sẽ là 2 và 3. Thêm vào đó, hoàn toàn có thể phán đoán đáp án 3 phù hợp hơn cả vì ở đây "わたし" muốn thể hiện rằng bản thân đang cố gắng.

Với dạng bài này, người học cần trang bị năng lực phán đoán về những yếu tố sau:

- Việc xử lý chính xác giữa đoạn đầu và cuối câu
  Ví dụ わたしの将来の夢は { 自分の店を持つことです。 / × 自分の店を持ちたいです。 }

- Hình thức phù hợp với điều kiện văn cảnh
  Ví dụ 教室でリーさんの話をしているとき、リーさんが教室に { 入ってきた。 / × 入っていった。 }

- Mối liên hệ giữa câu với câu
  Ví dụ この日本語教室はとても役に立つ。 { しかも / × したがって } 無料だ。

Về phần này, bạn sẽ học cụ thể hơn ở *Phần 3: Ngữ pháp trong văn bản*.

実力養成編

第1部 文の文法1

意味機能別の文法形式　1課　〜とき

1　〜うちに…

A ①日本にいるうちに一度富士山に登ってみたい。
　②はい、アイスクリーム。溶けないうちに早く食べてくださいね。
　③明るいうちに庭の掃除をしてしまおう。

　🔗 名の・動辞書形／ている／ない形・イ形い・ナ形な　+うちに

　👉「〜の状態が変わる前に、…する。」〜は変化する前の状態を表す言葉。…は意志的な動作を表す文。

　　"Trước khi trạng thái ~ có sự thay đổi thì thực hiện hành động…"
　　"~" là từ thể hiện trạng thái trước khi có sự thay đổi.
　　"…" là câu văn thể hiện hành động mang tính ý chí.

B ①音楽を聞いているうちに眠ってしまった。
　②少し難しい曲でも、練習を重ねるうちに弾けるようになりますよ。
　③気がつかないうちに外は暗くなっていた。

　🔗 動辞書形／ている／ない形　+うちに

　👉「〜の状態が続いているときに、…に変わる。」〜は継続的なことを表す言葉。…は変化を表す文で、話者の意志が入らない文。

　　"Trong khi trạng thái ~ đang tiếp diễn thì có một sự thay đổi…xảy ra."
　　"~" là từ ngữ thể hiện sự việc được duy trì trong khoảng thời gian dài nhất định.
　　"…" là câu văn thể hiện sự biến đổi và không bao hàm ý chí của người nói.

2　〜間…・〜間に…

①お母さんが昼寝をしている間、子どもたちはテレビを見ていた。
②わたしが旅行で留守の間、うちの犬の世話をお願いできないでしょうか。
③お母さんが昼寝をしている間に、子どもたちは遊びに出かけた。
④わたしが旅行で留守の間に、庭に草がたくさん生えてしまった。

🔗 名の・動辞書形／ている／ない形　+間・間に

👉「〜間…」:「〜の状態が続いているとき、ずっと…する・ずっと…の状態だ。」〜は継続的なことを表す言葉。…も継続的なことを表す文。

　"Trong khi trạng thái ~ đang tiếp diễn thì một trạng thái … được thực hiện/ được diễn ra suốt khoảng thời gian đó."
　"~" là từ ngữ thể hiện sự việc được duy trì trong khoảng thời gian dài nhất định.
　"…" cũng là câu văn thể hiện sự việc được duy trì trong khoảng thời gian dài nhất định.

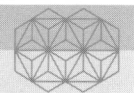

「～間に…」：「～の状態が続いているときに、…する・…が起こる。」 ～は継続的なことを表す言葉。…は瞬間的なことを表す文。

"Trong khi trạng thái ~ đang tiếp diễn thì thực hiện…/… xảy ra."
"~" là từ ngữ thể hiện sự việc được duy trì trong khoảng thời gian dài nhất định.
"…" là câu văn thể hiện sự việc diễn ra trong khoảng thời gian ngắn.

3　～てからでないと…・～てからでなければ…

①店員「いかがですか。こちらの絵はすばらしいですよ。」
　客　「うーん。高い物なので、家族と相談してからでないと買うかどうか決められませんね。」
②運転免許を取ってからでなければ車を運転してはいけない。
③病気が治ってからでなければ激しい運動は無理だ。

動 て形　＋からでないと・からでなければ

「～の前は…の状態が続く。」 …は否定的な意味やマイナスの状態を表す文。

"Trước khi/Cho đến khi ~ thì trạng thái … vẫn tiếp tục."
"…" là câu văn thể hiện ý phủ định hoặc trạng thái tiêu cực.

4　～ところだ・～ところ（＋助詞）…

①ロケットは間もなく飛び立つところです。緊張の瞬間です。
②試験中、となりの人の答えを見ているところを先生に注意された。
③楽しみにしていたテレビドラマが始まったところで電話が鳴った。
④ケーキができ上がったところへ子どもたちが帰ってきた。

動 辞書形／ている／た形　＋ところだ・ところ（＋助詞）

「～の直前だ（①）・進行中だ（②）・直後だ（③④）。」 文中では、後に来る動詞によって「ところを・ところで・ところへ」などの形になる。

"Ngay trước khi ~（①）/Trong khi đang ~（②）/Ngay sau khi ~（③④）."
Trong câu, tùy thuộc vào động từ đứng đằng sau mà trợ từ đi kèm thay đổi theo các dạng như "ところを / ところで / ところへ/v.v.".

2課 〜と関係して

1 〜とおりだ・〜とおり(に)…・〜どおりだ・〜どおり(に)…

① 交番で教えてもらったとおりに歩いていったので、迷わず会場に着いた。
② 初めて作る料理だから、この本に書いてあるとおりのやり方で作ってみよう。
③ サッカーの試合の結果はわたしたちの期待どおりだった。

🔗 名の・動辞書形／た形／てある／ている　＋とおりだ・とおり(に)

　　名　＋どおりだ・どおり(に)

👉 「〜と同じだ。〜と同じように…。」
"theo đúng như ~. làm … theo như ~."

2 〜によって…・〜によっては…

① 国によって習慣が違う。
② 感じ方は人によってさまざまだ。
③ わたしの帰宅時間は毎日違う。日によっては夜中になることもある。
④ 場合によっては今年の文化祭は中止になるかもしれない。

🔗 名　＋によって・によっては

👉 「〜が違えば…。」…は一定でないことを表す文(さまざまだ・変えるなど)。「〜によっては…」の…は、いろいろな場合のうちの一つの例を言う文。
"Nếu ~ khác thì …"
"…" là câu văn thể hiện sự không cố định (さまざまだ/かえる v.v.)
"…" trong "〜によっては…" là câu văn đưa ra một ví dụ trong số nhiều trường hợp.

3 〜たびに…

① この地方は台風が来るたびに大水の害が起こる。
② 母はわたしが電話をかけるたびに、ちゃんとご飯を食べているかと聞く。
③ このチームは試合のたびに強くなっていく。

🔗 名の・動辞書形　＋たびに

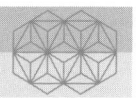

☞ 「～のとき、毎回同じように…する。」毎回同じだということを特に言いたいときに使う。日常の当然のことには使わない。～・…には状態を表す文は来ない。

"Khi ~ thì lại diễn ra hành động … giống như mọi lần."

Cấu trúc này được sử dụng khi đặc biệt muốn thể hiện rằng lần nào cũng như vậy.
Không sử dụng cấu trúc này với những sự việc hiển nhiên trong cuộc sống hàng ngày.
"~" và "…" không dùng những câu thể hiện trạng thái.

4　(～ば)～ほど…・(～なら)～ほど…・～ほど…

① 物が増えれば増えるほど整理が大変になる。
② 本当にいい家具は時間がたつほど価値が上がる。
③ 休みの日は多ければ多いほどうれしい。
④ 町がにぎやかなほど商店では物がよく売れるのだ。
⑤ 忙しい人ほど時間の使い方が上手だ。

🔗 (動 ば形) ＋ 動 辞書形
　　(イ形 い -ければ) ＋ イ形 い
　　(ナ形 なら) ＋ ナ形 な　　　　＋ほど
　　イ形 い・ナ形 な ＋ 名

☞ 「～の程度が進めば、その分…の程度も進む。」

"Nếu mức độ ~ tiến triển thì mức độ … cũng tiến triển lên ngần đó."

5　～ついでに…

① 散歩のついでにこのはがきをポストに出してきて。
② 玄関の掃除をするついでに靴の整理をしよう。
③ インターネットで本を注文したついでに新しく出たＤＶＤも調べた。

🔗 名 する -の・動 辞書形／た形　＋ついでに

☞ 「～するとき、その機会を利用して…もする。」二つの別々のことを同時にやってしまうと言いたいときに使う。～が本来の行為、…はそれに加えてする、目的のある意志的行為。

"Khi làm ~ thì tận dụng cơ hội đó cũng làm…luôn."

Được sử dụng khi muốn nói làm luôn hai việc riêng rẽ cùng một lúc cho xong.
"~" là hành động ban đầu, "…" là hành động thực hiện thêm và là hành động mang tính ý chí có mục đích.

2課　～と関係して

練習（1課・2課）

1課

1　(　　　)うちに、聞いたことをメモしておいたほうがいい。
　　a 忘れる　　　　　　b 忘れない　　　　　c 忘れている

2　ほかのことに気を(　　　)うちにご飯を食べる時間がなくなってしまった。
　　a 取られた　　　　　b 取られない　　　　c 取られている

3　お風呂に(　　　)間に、配達の人が来たようだ。
　　a 入る　　　　　　　b 入った　　　　　　c 入っている

4　わたしは夏休みの(　　　)、アメリカの友だちの家にいた。
　　a 中で　　　　　　　b 間　　　　　　　　c 間に

5　4時に(　　　)飛行機の時間には間に合わない。
　　a 起きなければ　　　b 起きてからでなければ　　c 起きられてからでないと

6　もっと暑くなってからでないと(　　　)。
　　a 海では泳げない　　b 仕事をしても疲れない　　c 扇風機を使わなくてもいい

7　間もなく2時に(　　　)ところです。
　　a なる　　　　　　　b なった　　　　　　c なっている

8　学校を休んで遊んでいる(　　　)友だちのお母さんに見られた。
　　a ところで　　　　　b ところに　　　　　c ところを

9　今、出かける準備をしている(　　　)ちょっと待って。
　　a ところで　　　　　b ところを　　　　　c ところだから

2課

1　人生は自分の(　　　)とおりにはいかない。
　　a 考え　　　　　　　b 計画　　　　　　　c 思う

2　この絵の(　　　)30年前はこの辺は畑だった。
　　a とおり　　　　　　b どおり　　　　　　c とおりの

3　この虫は地方によって呼び方が(　　　)そうだ。
　　a 違う　　　　　　　b 同じだ　　　　　　c 似ている

4　あしたは、所によっては(　　　)。
　　a 天気が皆違う　　　b どこも雨が降る　　c 雨が降るかもしれない

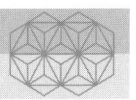

5 彼女はデートのたびに（　　　）。
　a 元気がない　　　　　　b 遅れてくる　　　　　　c 忙しそうだ

6 この絵は本物ではないが、見れば（　　　）本物に見える。
　a 見るほど　　　　　　　b 見えるほど　　　　　　c 見ないほど

7 刺身は（　　　）新鮮なほどおいしい。
　a 新鮮だと　　　　　　　b 新鮮なら　　　　　　　c 新鮮でなければ

8 カンさんはピアノを（　　　）歌を歌うのが上手だ。
　a 弾くたびに　　　　　　b 弾きながら　　　　　　c 弾くついでに

9 銀行に行ったついでに（　　　）。
　a 偶然リーさんに会った　b 自転車に乗った　　　　c 花屋に寄った

1課・2課

1 ちょうどメールを書いている（　　　）本人が来た。
　a までに　　　　　　　　b 間　　　　　　　　　　c ところに

2 先生の説明を聞いている（　　　）だんだんわかってきた。
　a うちに　　　　　　　　b たびに　　　　　　　　c ところを

3 今朝（　　　）のどが痛かった。
　a 起きたとき　　　　　　b 起きたついでに　　　　c 起きているうちに

4 自分の目で（　　　）何ともお答えできません。
　a 確かめたとおりに　　　b 確かめてからでないと　c 確かめたから

5 今日のスポーツ大会は（　　　）行います。
　a 予定どおり　　　　　　b 予定のうちに　　　　　c 予定によって

6 わたしの場合、引っ越しする（　　　）物が増える。
　a ところに　　　　　　　b たびに　　　　　　　　c ついでに

7 あの子はここにかばんを（　　　）どこかへ行ってしまった。
　a 置いている間　　　　　b 置いたついでに　　　　c 置いたまま

8 山道を（　　　）見える景色が広がっていく。
　a 登れば登るほど　　　　b 登っていって　　　　　c 登っていってから

9 感謝の言葉でも、言い方（　　　）悪い意味に聞こえることもある。
　a どおりでは　　　　　　b のたびに　　　　　　　c によっては

3課 比べれば…・〜がいちばん

1 〜くらいだ・〜ぐらいだ・〜くらい…・〜ぐらい…・〜ほどだ・〜ほど…

→第1部 A

① この店のパンはおいしい。毎日食べたいくらいだ。
② よう子さんの腕は折れそうなくらい細い。
③ 天気予報によると、今日は台風ぐらいの風が吹くそうだ。
④ かさをさすほどではないが、少し雨が降っている。
⑤ 突然立っていられないほどの痛みを背中に感じた。
⑥ さっき地震があった。本だなが倒れるかと思うほど激しく揺れた。

🔗 名・動・形 普通形（ナ形だ-な） ＋くらいだ・ぐらいだ・くらい・ぐらい

　名・動・形 普通形（ナ形だ-な） ＋ほどだ・ほど

👉 「〜と同じ程度だ・〜と同じ程度に…。」 程度の強さを表すために、ある状況に例えて言うときに使う。⑥のように、「〜かと思うくらい・〜かと思うほど」の形でもよく使う。
"Mức độ giống như 〜/… giống như là 〜."
Được sử dụng khi ví sự việc với một trạng thái nào đó nhằm thể hiện mức độ.
Cách nói "〜かとおもうくらい/〜かとおもうほど" như ở ví dụ ⑥ cũng hay được sử dụng.

2 〜くらい…はない・〜ぐらい…はない・〜ほど…はない

① リーさんぐらい動物好きな人はいない。
② わたしは料理を作ることぐらい楽しいことはないと思っています。
③ ああ、あしたも漢字のテストがある。テストほどいやなものはない。
④ 2年前に病気だとわかったときほど不安になったことはない。

🔗 名 ＋くらい…はない・ぐらい…はない

　名 ＋ほど…はない

👉 「〜がいちばん…。」 客観的な事実ではなくて、話者が主観的に言うときに使う。
"〜 là … nhất."
Được sử dụng khi người nói muốn đưa ra cảm nhận chủ quan của họ chứ không phải là sự thật khách quan.

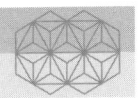

3 〜くらいなら… ・〜ぐらいなら…

① 毎朝自分で弁当を作るくらいなら、コンビニ弁当でいい。
② 気が合わない人といっしょに生活するぐらいなら、このまま独身でいたい。
③ 30分も遅れて説明会に行くくらいなら、参加しないほうがいい。
④ やせるために好きなケーキをがまんするくらいなら、今の体型のままでかまわない。

🔗 動 辞書形　＋くらいなら・ぐらいなら

👉「〜というよくない状況に比べれば、…の方が少しはいい。」客観的な事実ではなくて、話者が主観的に言うときに使う。
　"Nếu so với trạng thái không được hay cho lắm là ~ thì thà … còn tốt hơn chút ít."
　Được sử dụng khi người nói muốn đưa ra cảm nhận chủ quan của họ chứ không phải là sự thật khách quan.

4 〜に限る

① やっぱり映画は映画館で見るに限る。
② かぜがはやっているときは、人が多い所には行かないに限る。
③ 湖の写真を撮るならこの場所に限ります。すてきな写真が撮れますよ。

🔗 名 ・動 辞書形／ない形　＋に限る

👉「〜がいちばんいい・〜がいちばんいい方法だ。」客観的な事実ではなくて、話者が主観的に言うときに使う。
　"~ là tốt nhất/là cách tốt nhất."
　Cấu trúc này được sử dụng khi người nói muốn đưa ra cảm nhận chủ quan của họ chứ không phải là sự thật khách quan.

4課　〜とは違って

1　〜に対して…

①きのうは大阪では大雨だったのに対して、東京はいい天気だった。
②うちの課は女性がよく飲みに行くのに対して、男性は皆まっすぐ家に帰る。
③外遊びが好きな長男に対して、次男は家の中で遊ぶことが好きだ。

　名 ＋に対して

　普通形（ナ形 だ -な／-である・名 だ -な／-である）＋の　＋に対して

☞「〜と対比的に…。」　二つのものごと（〜と…）の違いをはっきり表すときに使う。
"~ đối lập với ..."
Được sử dụng khi thể hiện sự khác biệt rõ ràng giữa hai sự việc, hiện tượng ("~" với "...").

2　〜反面…

①都会の生活は面白いことが多い反面、ストレスも多い。
②一人旅は気楽な反面、何でも一人でやらなければならないので、不便だ。
③仕事を辞めて自由な時間が増えた反面、緊張感もなくなってしまった。

　普通形（ナ形 だ -な／-である／名 だ -である）　＋反面

☞「〜だが、逆に…の面もある。」　あることの対比的な両面を言うときに使う。
"~ nhưng ngược lại cũng có mặt ..."
Được sử dụng để thể hiện hai mặt đối lập nhau của một vấn đề nào đó.

3　〜一方（で）…

①会議では自分の意見を言う一方で、ほかの人の話もよく聞いてください。
②教授は新しい研究に取り組む一方で、しっかり学生の世話もしなければならない。
③子どもが生まれてうれしかった一方で、重い責任も感じた。
④世の中には人と話すことが好きな人がいる一方、それが苦手な人も多い。

　普通形（ナ形 だ -な／-である・名 だ -である）　＋一方（で）

☞「〜だが、同時に、別の面で…。」　③④のように、対比的なことを言う場合は、「〜反面」と大体同じ意味。
"~ nhưng đồng thời mặt khác ..."
Khi sử dụng cấu trúc này để nói về hai mặt đối lập như trong ví dụ ③ và ④ thì câu văn lại mang sắc thái ý nghĩa tương tự như "〜はんめん".

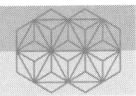

4　～というより…

①ぼくと彼が友だち？　いや、ぼくたちは友だち<u>というより</u>いい競争相手なんだよ。
②美知子は歩くのが速い。歩く<u>というより</u>走るという感じだ。
③A「へえ、この絵、社長に頼まれてかいたんですか。」
　B「頼まれて、<u>というより</u>命令されたんだよ。」

🔗 比較するために取り上げる言葉　＋というより

👉 「～という言い方より…という言い方の方が適切だ。」　～より、もっと適切な言い方（…）を示すときに使う。
　　"Cách nói … thích hợp hơn cách nói ~."
　　Được sử dụng khi muốn chỉ ra rằng cách nói "…" sẽ thích hợp hơn cách nói "~".

5　～かわりに…

①フリーの仕事は自由な時間が多い<u>かわりに</u>、お金のことがいつも心配だ。
②会長の山田さんは、実行力がある<u>かわりに</u>、深く考えることはしない。
③リーさんに英語を教えてもらっている<u>かわりに</u>、リーさんの仕事を手伝っている。
④今度の正月はいつものようにふるさとに帰る<u>かわりに</u>、両親と海外旅行をしたい。

🔗 動・形 普通形（ナ形 だ -な）　＋かわりに

👉 「～ということがあるが、反対に、それと同じ程度の…ということもある。（①②③）」
　　「通常している・通常するはずの～をしないで、それと同じ程度の…をする。（④）」
　　"Có một sự việc là ~, nhưng trái lại cũng có một sự việc nữa là … với cùng mức độ như thế. (①②③)"
　　"Không làm ~ như bình thường vẫn làm/chắc chắn bình thường sẽ làm mà làm… với cùng mức độ như thế (④)."

練習（3課・4課）

3課

1 パーティーではたくさんのごちそうが出た。（　　）ほどだった。
　a 全部食べた　　　　　b 全部食べられる　　　　c 全部は食べられない

2 最近、食事する時間もないほど（　　）。
　a 忙しい　　　　　　　b ひまだ　　　　　　　　c あまり食べない

3 きのうは本当に寒くて、体が（　　）くらいだった。
　a 凍った　　　　　　　b 凍るかと思う　　　　　c 凍るかどうか

4 京都の紅葉ほど美しいものは（　　）。
　a ほかにもある　　　　b ほかにない　　　　　　c ほかにも少ない

5 日本で富士山ぐらい（　　）山はないと思う。
　a きれいな　　　　　　b 高い　　　　　　　　　c ほかの

6 （　　）くらいなら、今の生活レベルでがまんしよう。
　a いい仕事がない　　　b 仕事がほしい　　　　　c きつい仕事をする

7 何もしないで後で残念がるくらいなら、（　　）ほうがいい。
　a 何も残念がらない　　b あまりがんばらない　　c 失敗してもやってみた

8 旅行先でおいしい店が知りたければ、その土地の人に（　　）に限る。
　a 聞く　　　　　　　　b 聞いた　　　　　　　　c 聞いている

9 眠れないときは（　　）に限る。
　a 4、5時間　　　　　　b 温かいミルク　　　　　c 朝、起きられない

4課

1 前のアパートが冬も暖かかったのに対して、（　　）はとても寒い。
　a 今のアパート　　　　b わたしの職場　　　　　c 山川さんの家

2 旧製品は長い間よく売れているのに対して、この新製品は（　　）。
　a あした発売になる　　b あまり人気がない　　　c すぐに売りきれた

3 この町は、夏は大勢の観光客でにぎやかな反面、（　　）。
　a 冬は人が少ない　　　b 冬もスキー客が多い　　c 一年中人が来る

4 自動化は人の労働を減らしてくれる一方で、人の工夫する能力を（　　）。
　a 変えてくれる　　　　b 高くしてくれる　　　　c 低くしてしまう

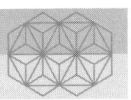

5 山口君は(　　　)一方で、静かに本を読むのも好きだと言う。
　　a よく図書館に行く　　　b サッカーに夢中になる　　　c 本をたくさん買う

6 今日は急に気温が下がって、(　　　)というより寒かった。
　　a 涼しい　　　　　　　　b 暖かい　　　　　　　　　　c 暑い

7 うちでは、犬のチロはペットというより(　　　)。
　　a 家族なんです　　　　　b 動物なんです　　　　　　　c かわいいんです

8 このアルバイトはきついかわりに(　　　)。
　　a 休みがない　　　　　　b 給料がいい　　　　　　　　c やってみたい

9 わたしは夜(　　　)かわりに朝早く起きて勉強しています。
　　a 遅く帰る　　　　　　　b 眠くなる　　　　　　　　　c 早く寝る

3課・4課

1 来週は今週(　　　)もっと忙しくなると思いますよ。
　　a の反面　　　　　　　　b というより　　　　　　　　c より

2 仕事がなくなる(　　　)つらいことはない。
　　a くらい　　　　　　　　b くらいなら　　　　　　　　c くらいでは

3 その人には一度会っただけだが、すぐに思い出せる(　　　)特徴のある人だ。
　　a 反面　　　　　　　　　b ほど　　　　　　　　　　　c かわりに

4 疲れたときは寝る(　　　)。
　　a に限る　　　　　　　　b くらいだ　　　　　　　　　c よりいい

5 遠慮しながら人に手伝いを頼む(　　　)、自分でやってしまったほうがいい。
　　a 一方で　　　　　　　　b というより　　　　　　　　c くらいなら

6 うちでは、母がパンが(　　　)、父はパンはほとんど食べない。
　　a 好きなら好きなほど　　b 好きなのに対して　　　　　c 好きというより

7 林さんのお子さんにあいさつすると、返事をする(　　　)いつもにこにこ笑う。
　　a かわりに　　　　　　　b 反面　　　　　　　　　　　c のに対して

8 年を取ると覚える力は弱くなる(　　　)、深く考えられるようになる。
　　a というより　　　　　　b 反面　　　　　　　　　　　c し

9 こんな方法でお金を手に入れるのは、頭がいい(　　　)ずるいと思う。
　　a というより　　　　　　b くらいなら　　　　　　　　c ばかりで

練習(3課・4課) —— 27

まとめ問題（1課〜4課）

つぎの文の（　）に入れるのに最もよいものを、1・2・3・4から一つえらびなさい。

1　もっと雪が（　　　）スキーはできない。
　1　降ってから　　　　　　　　2　降っているうちに
　3　降ってからでないと　　　　4　降らない間に

2　祖父が（　　　）、午後になって雨が降ってきた。
　1　言ってから　　　　　　　　2　言ったから
　3　言っていれば　　　　　　　4　言ったとおり

3　彼は会う（　　　）政治の話をする。
　1　ところで　　　　　　　　　2　たびに
　3　うちに　　　　　　　　　　4　一方で

4　本屋で読みたい本を（　　　）、待ち合わせの時間を過ぎてしまった。
　1　探している間　　　　　　　2　探しているうちに
　3　探しながら　　　　　　　　4　探してから

5　リーさんはこの学校に（　　　）、一度も欠席しなかった。
　1　留学している間　　　　　　2　留学してからでないと
　3　留学しているうちに　　　　4　留学しているところで

6　A「月日がたつのは早いですね。お子さんはもう中学生なんでしょう。」
　　B「いえ、中学生（　　　）、もう高校1年なんですよ。」
　1　ではなく　　　　　　　　　2　だけでなく
　3　というより　　　　　　　　4　に対して

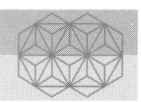

7 　A「あ、今度は失敗しないでうまく組み立てられたね。」
　　B「ぼくは同じ間違いを（　　　）ばかじゃないよ。」
　　1　繰り返すより　　　　　　　　2　繰り返すほど
　　3　繰り返さないほど　　　　　　4　繰り返さないより

8 　クレジットカードは便利な（　　　）、危険も多い。
　　1　場合　　　　　　　　　　　　2　結果
　　3　反面　　　　　　　　　　　　4　割合

9 　わたしが子どもの洋服を作るのは、子どもの（　　　）、自分の趣味です。
　　1　物というより　　　　　　　　2　物のかわりに
　　3　ためというより　　　　　　　4　ためのかわりに

10 　山田先生が（　　　）、川島先生はすぐに怒る。
　　1　いつも笑っているのに対して　　2　いつも笑っているのより
　　3　あまり笑わないのに対して　　　4　あまり笑わないのより

11 　連休はどこかに旅行に行く（　　　）、家でパーティーをしたい。
　　1　というより　　　　　　　　　2　反面
　　3　うちに　　　　　　　　　　　4　かわりに

12 　かぜをひいたようだ。こんなときは無理を（　　　）。今日は仕事を休もう。
　　1　しないようだ　　　　　　　　2　しないに限る
　　3　するようではない　　　　　　4　するのでもない

13 　A「ここから見える景色はいいですねえ。」
　　B「ええ、富士山の姿が（　　　）。」
　　1　日によっていろいろに変化します　　2　日が変わるたびにきれいです
　　3　日が変わるたびにいつも同じです　　4　日によっていつもきれいです

まとめ問題（1課〜4課）　29

5課　〜だから

1　〜ためだ・〜ため(に)…

①報告書にミスが多かったのは、よく見直しをしなかったためだろう。
②この村には医者がいないために、病気のときはとなりの町まで行かなければならない。
③出張のため、明日の会議は欠席させていただきます。

🔗 名の　+ためだ・ため(に)

普通形(ナ形だ-な／-である・名だ-の／-である)　+ためだ・ため(に)

👉「〜が原因だ。・〜が原因で…という結果になる。」　…にはふつう希望・意向・相手への働きかけなどの文は来ない。少し硬い言い方。

"~ là nguyên nhân./~ là nguyên nhân dẫn tới kết quả là …"

"…" không dùng câu thể hiện mong muốn, ý định, hay kêu gọi đối phương làm điều gì đó. Là cách nói hơi trang trọng.

2　〜によって…・〜による

A ①うちの工場では、材料不足によってたたみの生産はもうできなくなった。
②今年のインフルエンザは、今までにない型のウイルスによるものである。

🔗 名　+によって　　　名　+による+名

👉「〜が原因で…という結果が起こる。」　…には状態を表す文は来ない。また、希望・意向・相手への働きかけなどの文は来ない。少し硬い言い方。

"~ là nguyên nhân xảy ra kết quả …"

"…" không dùng câu thể hiện trạng thái, cũng không phải là câu thể hiện mong muốn, ý định, hay kêu gọi đối phương làm điều gì đó. Là cách nói hơi trang trọng.

B ①外国語を学ぶことによってその国の人たちの考え方も知ることができる。
②クレジットカードによるお支払いを希望される方は、次の注意をお読みください。

🔗 名　+によって　　　名　+による+名

👉「〜という手段で…する。」　少し硬い言い方。

"Làm … bằng phương pháp ~."
Là cách nói hơi trang trọng.

3　〜から…・〜ことから…

①わずかな誤解から友だちとの関係が悪くなってしまった。
②日本語の授業でとなりの席になったことから、わたしたちは親しくなった。

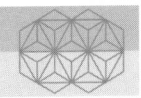

③顔がよく似ていることから、二人は親子だとすぐにわかった。

🔗 名 ＋から

普通形(ナ形 だ -な／-である・名 だ -である) ＋ことから

👉 「～という事実が原因で…という結果に発展する・…と判断する。」 …には希望・意向・相手への働きかけなどの文は来ない。

"Sự thực ~ là nguyên nhân để phát triển thành kết quả …/để phán đoán rằng …"

"…" không dùng câu thể hiện mong muốn, ý định hay kêu gọi đối phương làm điều gì đó.

4 ～おかげだ・～おかげで…／～せいだ・～せいで…

①いい会社に就職が決まったのは先生のおかげです。ありがとうございました。
②天気のいい日が続いたおかげで、工事が早く終わった。
③最近忙しかったせいで、かなり疲れている。

🔗 名 の・動・形 普通形(ナ形 だ -な) ＋おかげだ・おかげで／せいだ・せいで

👉 「～の影響で…といういい結果になる(おかげだ)／よくない結果になる(せいだ)。」 …には希望・意向・相手への働きかけなどの文は来ない。

"Vì ảnh hưởng của ~ mà dẫn đến kết quả tốt (Nhờ có)/mà dẫn đến kết quả không tốt (Tại)"

"…" không dùng câu thể hiện mong muốn, ý định, hay kêu gọi đối phương làm điều gì đó.

5 ～のだから…

①世界は広いのだから、いろいろな習慣があるのは当然だ。
②あなたはけがをしているんだから、無理をしてはいけませんよ。
③笑わないでください。真剣にやっているんですから。

🔗 普通形(ナ形 だ -な・名 だ -な) ＋のだから

👉 「～が事実だから、当然…。」 ～には相手が知っているはずの事実を表す文、…には話者の判断・希望・意向や相手への働きかけなどの文が来る。

"Vì ~ là sự thực nên đương nhiên là …"

"~" là câu văn thể hiện sự thực mà chắc chắn đối phương cũng biết.

"…" là câu văn thể hiện phán đoán, mong muốn, ý định của người nói hoặc kêu gọi đối phương làm điều gì đó.

6課　もし、…

1　~(の)なら…

①その箱、もう使わないんですか。使わないならわたしにください。
②ああ、あしたは雨か。雨ならサイクリングには行けそうもないね。
③その本、読んでしまったのならわたしに貸してくれませんか。

　普通形（ナ形だ／-である・名だ／-である）　＋(の)なら

　＊ナ形だ、名だの場合は「のなら」にはならない。

　「～という情報を受けて、…。」　～はほかの人の話や様子などからわかったこと、…は話者の判断・意志・相手への働きかけの文など。

"Tiếp nhận thông tin ~, …"

"~" là điều người nói biết được thông qua lời kể của người khác hoặc qua tình hình thực tế.

"…" là câu văn thể hiện phán đoán, ý định của người nói hoặc kêu gọi đối phương làm điều gì đó.

2　~ては…・~(の)では…

①山中さんは手術したばかりだから、お見舞いに行ってはかえって迷惑だろう。
②そんな無責任な態度ではみんなにきらわれますよ。
③今から家を建て始めるのでは年内にはでき上がらない。

　動て形・イ形い-くて・ナ形な-で・名で　＋は

　普通形（ナ形だ-な・名だ-な）　＋のでは

　「～という事実（または仮定の状況）だと、…というよくない結果になる。」　…はマイナスの意味の文で、話者の希望・意向を表す文や働きかけの文は来ない。

"Nếu sự thật là (hoặc tình huống giả định) ~ thì sẽ đem lại kết quả không hay là..."

"…" là câu văn mang ý nghĩa tiêu cực, không phải là câu văn thể hiện mong muốn, ý định của người nói hoặc kêu gọi đối phương làm điều gì đó.

3　~さえ~ば…・~さえ~なら…　　　　　　　　　　　　→第1部 A

①太郎は漫画さえ読んでいれば退屈しないようだ。
②体さえ丈夫ならどんなことにも挑戦できる。
③一言「ごめんなさい。」と言いさえすれば、相手は許してくれるだろう。

🔗 名 さえ ＋ { 動ば形・イ形い-ければ / ナ形なら・名なら }

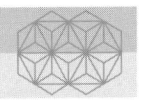

動ます ＋さえ＋すれば

☞ 「～が実現すれば、それだけで…が実現する。」「～さえ～ば(なら)」は…が成り立つための必要最低限の条件を示す。
"Nếu ~ được thực hiện thì chỉ với điều đó … sẽ được thực hiện."
"～さえ～ば(なら)" chỉ ra điều kiện tối thiểu cần có để đạt được "…"

4 たとえ～ても…・たとえ～でも… →第１部 I

①たとえ周りの人たちにどんなに反対されても、ぼくはプロの歌手になりたい。
②たとえ高くても、仕事に必要なものは買わなければならない。
③たとえ面倒でも、健康診断は毎年受けたほうがいいですよ。

🔗 たとえ＋ { 動て形 / イ形い-くて / ナ形な-で / 名で } ＋も

☞ 「～が事実だと仮定した場合でも、それに関係なく…。」
"Ngay cả trong trường hợp được giả định ~ là sự thật đi nữa thì … cũng không liên quan gì."

5 ～ば…・～たら…・～なら…

①お金とひまがあればわたしも海外旅行するんだけど……。
②もし寝坊していたらこの飛行機には乗れなかった。間に合ってよかった。
③ああ、残念だ。学生なら学生割引でチケットが買えたのに……。

🔗 動ば形・イ形い-ければ・ナ形なら・名なら

動ない-なければ・イ形い-くなければ・ナ形な-でなければ・名でなければ

普通形(過去形だけ)＋ら　　＊動詞は「～ていたら」の形が多い。

☞ 「もし～の場合、…という結果になるはずだが、実際にはそうではない。」　～も…も事実とは違うことを言う。…は「～た・～のだが・～のに」などの文が多い。
"Trong trường hợp nếu ~ thì chắc chắn sẽ dẫn đến kết quả là … nhưng trên thực tế thì không phải như vậy."
"~" "…" đều là những điều khác với sự thực.
"…" đa phần ở dạng "～た/～のだが/～のに/v.v."

練習（5課・6課）

5課

1 パソコンがこわれてしまったために、（　　　）。
　　a 新しいのを買おう　　　b 資料が作れなかった　　　c 直してくれませんか

2 台風15号によって（　　　）。
　　a 橋が流された　　　b 明日は大雨だろう　　　c 明日は外出したくない

3 高い技術（　　　）詳しい健康チェックができるようになった。
　　a によって　　　b によれば　　　c によると

4 小さな不注意（　　　）大問題が起こることもある。
　　a から　　　b まで　　　c には

5 自転車の事故が増えたことから、（　　　）。
　　a 気をつけよう　　　b 自転車には乗りたくない　　　c 警察の注意がきびしくなった

6 弟のせいで（　　　）。
　　a 楽しかった　　　b よく遊べた　　　c 母にしかられた

7 この薬（　　　）病気を治すことができた。
　　a のおかげで　　　b のせいで　　　c から

8 やっと運転免許が取れたんだから、（　　　）。
　　a 車を買った　　　b 車を買いたい　　　c 車は買わなかった

9 先生、すみません。かぜをひいて（　　　）、今日は休ませてください。
　　a しまったので　　　b しまったんですから　　　c しまって

6課

1 会社員A「ぼく、5時の新幹線に乗るんだ。あ、遅れそうだ。急がないと……。」
　会社員B「（　　　）なら後片付けはわたしがやっておくから、早く行って。」
　　a 遅れない　　　b 急がない　　　c 時間がない

2 体の調子が悪くては（　　　）。
　　a 仕事が進まないだろう　　　b 仕事を休んでもいいよ　　　c あした仕事をしよう

3 一人暮らしでも、お金さえ（　　　）。
　　a なければ困る　　　b あれば困らない　　　c なければアルバイトをする

4 ハンドルさえ直せばこの自転車は（　　　）だろう。
　　a もう使えない　　　b まだ使える　　　c 使いにくい

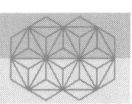

5 たとえどんなに(　　　)、賛成する人が少なければ実行できない。
　　a よくない案でも　　　　b いい案でも　　　　　c 案を考えなくても

6 たとえ国を離れても、ぼくは君のことを(　　　)。
　　a 忘れないよ　　　　　b 忘れるかもしれない　　c もう思い出せない

7 ああ、よかった。気がつくのが(　　　)火事になったかもしれない。
　　a 遅いと　　　　　　　b 遅いなら　　　　　　　c 遅かったら

8 学生時代にもっと勉強すれば(　　　)と、今ではとても残念だ。
　　a いい　　　　　　　　b よさそうだ　　　　　　c よかった

5課・6課

1 今年は梅雨に雨の量が少なかった(　　　)、米や野菜などがよく育っていない。
　　a おかげで　　　　　　b ために　　　　　　　　c のなら

2 今日は(　　　)、早く家に帰りたい。
　　a 疲れたせいで　　　　b 疲れたのでは　　　　　c 疲れたから

3 あなたは(　　　)どんな仕事でもするんですか。
　　a 給料さえ高ければ　　b 給料が高いのでは　　　c 給料が高いのだから

4 せっかく京都まで(　　　)、京都にしかない物を食べませんか。
　　a 来たのでは　　　　　b 来たことから　　　　　c 来たんだから

5 ひろしは絵を(　　　)、デザインの仕事に興味を持ったようだ。
　　a ほめられたのだから　b ほめられたことから　　c ほめられさえすれば

6 太陽熱(　　　)発電は、24時間可能だ。
　　a から　　　　　　　　b による　　　　　　　　c のための

7 オートバイを(　　　)、今、お金をためています。
　　a 買いたいなら　　　　b 買いたいので　　　　　c 買いたいのでは

8 ホームステイに(　　　)、早く申し込みをしたほうがいいですよ。
　　a 参加すれば　　　　　b 参加するため　　　　　c 参加するなら

9 そんなにほめ言葉を(　　　)、かえって恥ずかしいです。
　　a 言われては　　　　　b 言われたのだから　　　c 言われさえすれば

10 たとえどんなにいい服を(　　　)着る機会がなかったら意味がない。
　　a 買ったのだから　　　b 買っても　　　　　　　c 買ったのでは

7課　〜だそうだ

1　〜ということだ・〜とのことだ

①市のお知らせによれば、この道路は来週から工事が始まるということです。
②店の人の話では、この地方の米はとてもおいしいということだ。
③さっき川村さんから電話がありました。今日は社に戻れないとのことです。
④メールによると、林さんは来週はとても忙しいとのことです。
⑤【手紙】新しい仕事が決まったとのこと、おめでとうございます。

　普通形　＋ということだ・とのことだ

☛「〜だそうだ。」得た情報を伝える言い方で、「〜だそうだ」より硬い。情報源を示すには「〜では・〜によると・〜によれば」などを使う。ある人が言ったことを個人的に伝える場合は「〜とのことだ」をよく使う。⑤のような形で手紙などの中で使うこともある。

"Nghe nói ~."
Là cách nói truyền đạt thông tin mình nắm được, văn phong trang trọng hơn so với "〜だそうだ".
Sử dụng "〜では/〜によると/〜によれば/v.v." để trích dẫn nguồn thông tin.
Thường sử dụng "〜とのことだ" để truyền đạt riêng cho ai đó điều người khác đã nói.
Cấu trúc này còn được dùng trong văn phong thư từ ở dạng như ví dụ ⑤.

2　〜と言われている

①今年は黒い服が流行すると言われている。
②納豆は体にいいと言われている。
③今度の大会では中川選手が優勝するだろうと言われています。

　普通形　＋と言われている

☛「〜と、世間の人たちが言っている。」
"Người ta nói rằng ~."

3 ～とか

①来月また出張だとか。今度はどちらに行かれるんですか。
②お宅ではいろいろな動物を飼っているとか。にぎやかでしょうね。
③あの店のパンはとてもおいしいとか。今日、帰りに買って帰ります。

🔗 普通形　＋とか

☞ 「～と聞いた。」うわさなどで聞いたはっきりしないことを言う。
"Tôi nghe được rằng ~."
Dùng để nói ra những điều không rõ ràng, được nghe qua tin đồn, v.v..

4 ～って

①小川さん、今日は休むって言ってたよ。
②佐藤さんの奥さんは料理の先生だって。
③駅前にタイ料理のレストランができたんだって。行ってみようよ。
④山川君、先生が教員室まで来てくださいって。

🔗 普通形　＋って

☞ 「～と言っている・～と聞いた。」「～と」のくだけた話し言葉で、②③④のように、後の動詞（言っている・聞いたなど）をよく省略する。④のように、言った言葉に直接「って」をつけることもある。
"nói rằng ~ /nghe nói rằng ~."
Đây là từ dùng trong văn nói, là cách đọc chệch đi của "～と".
Như trong ví dụ ②③④, động từ đứng đằng sau là "いっている/きいた v.v." thường được lược bỏ.
Cũng có những trường hợp ghép trực tiếp nguyên cả những từ đã nói với "って" như trong ví dụ ④.

5 ～という

①この辺りは昔、広い野原だったという。
②この祭りは村で古くから行われてきたという。
③豆腐は1300年ぐらい前に中国から日本に伝わったという。

🔗 普通形　＋という

☞ 「～だそうだ。」少し硬い書き言葉。
"Nghe nói ~."
Từ thuộc văn viết, khá trang trọng.

7課　～だそうだ

8課 絶対～ない・必ず～とは言えない

1 ～はずがない・～わけがない

① ちゃんと約束したんだから、彼が来ないはずがない。どうしたのかなあ。
② あの店が今日休みのはずはありません。電話で確認したんですから。
③ 国家試験なのだから易しいはずがない。がんばらなくては……。
④ こんなに大きい家、わたしに買えるわけがないでしょう。
⑤ 試合に勝つために練習しているのだ。練習がきびしくないわけがない。

普通形（ナ形 だ -な／-である・名 だ -の／-である）　+はずがない・わけがない

「絶対～ない。」話者が強い確信を持って否定する言い方。
"Chắc chắn không ~."
Là cách nói phủ định với niềm tin mạnh mẽ của người nói.

2 ～とは限らない

① この歌は古くから歌われているが、日本人がみんな知っているとは限らない。
② 値段が高いものが必ず質がいいとは限らない。
③ 旅行中にけがをしないとは限りません。保険に入っておいたほうがいいですよ。
④ 新聞に書いてあることがいつも本当のこと（だ）とは限らない。

普通形（ナ形（だ）・名（だ））　+とは限らない

「必ず～とは断定できない・～ではない場合もある。」「みんな・いつも・だれでも・必ず」などの言葉といっしょに使うことが多い。
"Không thể đoán chắc là ~/Cũng có những trường hợp không phải là ~."
Đa phần được sử dụng cùng với những từ như "みんな/いつも/だれでも/かならず" v.v..

3 ～わけではない・～というわけではない・～のではない

① 長い間本をお借りしたままでしたが、忘れていたわけではありません。
② いつでも電話に出られるわけではありません。連絡はメールでお願いします。
③ この仕事が好き（だ）というわけではないが、彼といっしょに仕事ができて楽しい。
④ 転勤するのではありません。会社を辞めるんです。
⑤ A「いい帽子ね。高かったでしょう。」
　B「これは買ったんじゃないの。自分で作ったの。」

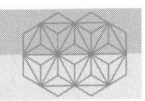

🔗 普通形（ナ形 だ -な／-である・名 だ -の／-な／-である）　+わけではない

普通形（ナ形（だ）・名（だ））　+というわけではない

普通形（ナ形 だ -な・名 だ -な）　+のではない

☞「状況から～だと想像されるだろうが、実はそうではない。」　～の部分だけを否定する言い方。

"Nhìn tình hình thì có lẽ mọi người sẽ tưởng tượng rằng ~ nhưng thực ra thì không phải vậy."
Là cách nói phủ định chỉ một phần của "~".

4　～ないことはない

① ここから駅まで歩けないことはありませんが、かなり時間がかかりますよ。
② この店のカレーもおいしくないことはないが、わたしはもっと辛いのが好きだ。
③ 試験の結果が心配でないことはないのですが、今は終わってほっとしています。

🔗 動 ない形・イ形 い -くない・ナ形 な -でない・名 でない　+ことはない

☞「絶対～ないとは言えない。」　否定の形を否定することで弱く肯定する言い方。

"Không thể nói là tuyệt đối không ~."
Là cách nói khẳng định yếu ớt bằng hình thức phủ định một sự phủ định khác.

5　～ことは～が、…

① 彼からの手紙は読んだことは読んだんですが、意味がよくわかりませんでした。
② わたしは泳げることは泳げますが、長い距離はだめなんです。
③ この本は高いことは高いが、写真が多くて楽しめそうだ。
④ 子どもを育てるのは大変なことは大変だが、成長が楽しみで大変さを忘れる。

🔗 動・形 普通形（ナ形 だ -な）　+ことは　+ 動・形 普通形・丁寧形　+が

☞「確かに～だが、その事実はあまり重要ではなくて、…。」

"Quả đúng là ~ nhưng vì sự thật đó không mấy quan trọng nên …"

8課　絶対～ない・必ず～とは言えない ── 39

練習（7課・8課）

7課

1 　（　　　）、「ズボン」はフランス語から来た言葉だということです。
　　a 先生の説明は　　　　　b 先生の説明では　　　　　c 先生の説明からは

2 　今朝の新聞（　　　）、痛み止めの新しい薬が発売されるということだ。
　　a によって　　　　　　b によったら　　　　　　　c によると

3 　（　　　）、この家は300年ぐらい前に建てられたと言われている。
　　a 確かではないが　　　b 山川さんの話では　　　　c 林さんから聞いたのだが

4 　今、テレビの天気予報で見たんだけど、あしたは全国的に雨だ（　　　）よ。
　　a と聞いている　　　　b と言われている　　　　　c そうだ

5 　足の裏を日に当てると健康に（　　　）とか。本当だろうか。
　　a いい　　　　　　　　b いいです　　　　　　　　c いいそうだ

6 　A「あしたは（　　　）。」
　　B「わあ。いやだなあ。あしたは野球の練習があるんだ。」
　　a 暑いと　　　　　　　b 暑いって　　　　　　　　c 暑くって

7 　昔、この地方には、珍しい習慣が（　　　）という。
　　a あった　　　　　　　b あったそうだ　　　　　　c あったんだって

8 　この地域の土地の値段は今後もあまり高く（　　　）という。
　　a なりません　　　　　b ならないでしょう　　　　c ならないだろう

8課

1 　わたしはこんなに健康に注意しているのだ。（　　　）はずがない。
　　a 病気になる　　　　　b 病気にならない　　　　　c 病気ではない

2 　田中さんにはそのことを先週話したのだから、（　　　）。
　　a 知るわけがない　　　b 知っているわけがない　　c 知らないわけがない

3 　強いチームではないが、（　　　）とは限らない。
　　a 絶対勝てない　　　　b 必ず勝てる　　　　　　　c 絶対負けない

4 　旅行に（　　　）わけではなく、二日目から参加するつもりなのです。
　　a 行ける　　　　　　　b 行かない　　　　　　　　c 行きたい

5 　わたしたち兄弟は仲がよくないことはないが、（　　　）。
　　a いつもいっしょにいる　b いっしょにいることもある　c いっしょにいることは少ない

40 — 実力養成編　第1部　文の文法1

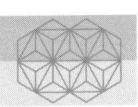

6 山田さんの住所はここに書いてあることは（　　　）が、10年前のです。
　a 書きました　　　　　　b 書いています　　　　　　c 書いてあります
7 少し寒いことは寒いが、（　　　）。
　a 暖房は必要ない　　　　b 暖房を入れよう　　　　　c 暖房を入れた
8 わたしはテレビを（　　　）が、ニュース番組だけだ。
　a 見ることは見ない　　　b 見ないことは見ない　　　c 見ることは見る

7課・8課

1 ねえ、この記事見て。きのうのスケート大会、青木選手が（　　　）。
　a 優勝したとか　　　　　b 優勝したんだって　　　　c 優勝したという
2 石田さんの奥さんの話では、石田さんはあした退院する（　　　）。
　a とのことです　　　　　b と言いました　　　　　　c と言われています
3 アンケートの結果から、ほとんどの人がこの商品に満足している（　　　）。
　a と言われている　　　　b とのことだ　　　　　　　c ことがわかる
4 先生「あした、皆さんが乗るバスは駅前を8時に（　　　）。場所と時間を間違えないでください。」
　a 出発するとか　　　　　b 出発します　　　　　　　c 出発すると言われています
5 先生の話では、今のわたしの実力でもがんばれば合格できない（　　　）。
　a ということだ　　　　　b ことはできないという　　c ことはないそうだ
6 仕事がたくさんあるが、あしたまでに（　　　）。でも、ミスが出ないか心配だ。
　a できることはできる　　b できるはずがない　　　　c できるとは限らない
7 わたしはよくこの店でパンを買うが、この店が特に（　　　）ない。
　a 好きでないことは　　　b 好きなわけでは　　　　　c 好きとのことでは
8 練習すればだれでもピアノが上手に（　　　）。
　a なるわけがない　　　　b なるとは限らない　　　　c ならないということだ
9 プロでもうまくできないのだから、わたしに（　　　）よ。
　a できるわけがない　　　b できるわけだという　　　c できないとは限らない
10 明美さんが今年（　　　）ない。10年前、もう中学生だったのだ。
　a 二十歳のはずが　　　　b 二十歳でないことは　　　c 二十歳のわけでは

まとめ問題（1課～8課）

つぎの文の（　）に入れるのに最もよいものを、1・2・3・4から一つえらびなさい。

1. 彼の話では、これはこの地方の伝統的な（　　）。
   1. 料理だと聞いた
   2. 料理だと言った
   3. 料理だと言われている
   4. 料理だという

2. カップラーメンは（　　）簡単にできる。
   1. お湯だけ入れては
   2. お湯さえ入れれば
   3. お湯も入れるほど
   4. お湯を入れるくらいなら

3. あの女優は（　　）が、少し冷たい感じがする。
   1. きれいだとは限らない
   2. きれいなはずはない
   3. きれいなことはきれいだ
   4. きれいというわけではない

4. この車は電気とガソリン（　　）動く「ハイブリッドカー」だ。
   1. から
   2. によって
   3. のことから
   4. のために

5. たとえ詳しい説明が（　　）、用語が難しければわかりにくい。
   1. 書いてあったら
   2. 書いてなかったら
   3. 書いてあっても
   4. 書いてなくても

6. A「あれ。また1匹。お宅にはねこが何匹いるんですか。」
   B「5匹います。」
   A「5匹（　　）大変でしょう。」
   1. もいては
   2. さえいれば
   3. がいても
   4. だけいると

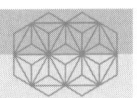

7 料理は（　　　）が、時間がなくてあまりしない。
1　するわけではない
2　すればしたい
3　できないことはない
4　できないことはできない

8 いいレストランで食事を（　　　）、そんなかっこうではだめだろう。
1　しては
2　するなら
3　するうちに
4　したら

9 わたしの実験が成功したのは、みんなが手伝って（　　　）です。
1　もらったことから
2　くれたことから
3　もらったおかげ
4　くれたおかげ

10 聞いた話ではあしたは大雪になる（　　　）。今日のうちに買い物をしておこう。
1　と
2　とか
3　こと
4　のこと

11 梅雨の間でも毎日雨が（　　　）。晴れる日もある。
1　降るとは限らない
2　降らないとは限らない
3　降るに限る
4　降らないに限る

12 あれ、この上着はちょっと大きすぎる。きのう買う前に（　　　）なあ。
1　着てみたほうがいい
2　着てみたらいい
3　着てみてよかった
4　着てみればよかった

13 国の大学で日本人留学生と知り合った（　　　）、日本に興味を持った。
1　ことから
2　とおりに
3　ついでに
4　のだから

まとめ問題（1課～8課）

9課　～と望む

1　～てもらいたい・～ていただきたい・～てほしい

①だれかに自分の悩みを聞いてもらいたいと思うことがあります。
②この書類、ちょっと見ていただきたいんですが。
③この仕事はだれにも手伝ってもらいたくない。自分一人でやりたい。
④ずっとぼくのそばにいてほしい。遠くへ行かないでほしい。
⑤これ以上この村の自然環境をこわさないでほしい。
⑥年を取った親にはもう無理をしてほしくない。

🔗 動て形／ない形＋で　＋もらいたい・いただきたい・ほしい

☞ 「(ほかの人が)～する／～しないことを望む。」 ①③⑤のように、要求する相手がはっきりしていない場合もある。相手に直接言う場合は「～てください／～ないでください」と大体同じ意味。

"Muốn (ai đó) làm/không làm ~."
Giống như ví dụ ①③⑤ có những trường hợp đối tượng được yêu cầu thực hiện hành động không rõ ràng, cụ thể là ai. Trong trường hợp nói trực tiếp với đối phương thì ý nghĩa của cấu trúc này tương tự như cấu trúc "～てください／～ないでください".

2　～(さ)せてもらいたい・～(さ)せていただきたい・～(さ)せてほしい

①店員A「昼休みが短いよね。昼ご飯をもっとゆっくり食べさせてもらいたいね。」
　店員B「そうだね。店長に言ってみよう。」
②今日は入管へ行かなければならないので、早く帰らせていただきたいのですが……。
③それはさっきも説明したことだよ。何度も同じことを言わせないでもらいたいよ。
④文化祭のポスターはわたしに作らせてほしいなあ。
⑤こんな暑い日に運動場で4時間も練習をさせないでほしいです。

🔗 動詞Ⅰ　動ない＋せて／せないで
　　動詞Ⅱ　動ない＋させて／させないで
　　動詞Ⅲ　来る→来させて／来させないで
　　　　　　する→させて／させないで
　　　　　　　　　　　　　　　＋もらいたい・いただきたい・ほしい

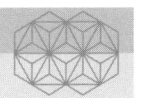

☞ 「(自分が)〜する／〜しないことを望む。」 ほかの人が自分のために、ある状況を作ったり許可したりすることを望む言い方。②③のように、相手に直接希望を言うときにもよく使う。
"(Bản thân) muốn được cho phép làm ~/không làm ~."
Là cách nói thể hiện mong muốn người khác tạo điều kiện, cho phép mình làm điều gì đó.
Giống như trong ví dụ ②③, cấu trúc này thường được dùng khi nói nguyện vọng của mình trực tiếp với đối phương.

3 〜といい・〜ばいい・〜たらいい

A ①【卒業式で】
先生「このクラスも今日でお別れです。いつかまたみんなで会える<u>といい</u>ですね。」
②最近ずっと体の調子が悪い。悪い病気でなけれ<u>ばいい</u>が……。
③あしたは入学試験だ。がんばろう。合格でき<u>たらいい</u>なあ。

🔗 普通形(現在形だけ) ＋と
　　動 ば形・イ形い-ければ
　　動 ない・イ形い-く・ナ形な-で・名で ＋なければ 　＋いい
　　普通形(過去形だけ) ＋ら

☞ 「〜ことを望んでいる。」 〜には話者自身の意志的行為を表す言葉は来ない。
"Mong là ~."
"~" không phải là từ thể hiện hành vi có ý chí của bản thân người nói.

B ①疲れているようですね。あしたはゆっくり休む<u>といい</u>ですよ。
②その仕事、気が進まないのなら引き受けなけれ<u>ばいい</u>んじゃないですか。
③申込書の書き方がわからなければ、事務の人に聞いてみ<u>たらいい</u>ですよ。

🔗 動 辞書形＋と
　　動 ば形／~~ない~~-なければ ＋いい
　　動 たら

☞ 「相手に〜の行為をする／しないことを勧める。」
"Khuyên đối phương nên ~ /không nên ~."

10課　〜したほうがいい・〜なさい

1　命令（しろ）／禁止（〜な）

① 【試合で】監督「走れ、走れ！」
② 犬に「降りろ。」と命令した。犬は命令に従った。
③ 赤信号は止まれという意味です。
④ 引っ越しを手伝ってくれと友だちに頼んでみよう。
⑤ 立て札に「スピードを出すな！」と書いてある。
⑥ 父は医者にお酒を飲むなと言われている。

命令　動詞Ⅰ　動ば
　　　動詞Ⅱ　動ます -ろ　　＊例外　くれる→くれ
　　　動詞Ⅲ　する→しろ
　　　　　　　来る→来い

禁止　動辞書形　＋な

☞「〜しなさい／〜してはいけない。」特に男性が強く命令するときに使うが、応援するときや立て札・張り紙などにも使う。③④⑥のように、「　」を使わず、間接的に伝える場合にも使う。

"Hãy ~/Không được ~."
Đặc biệt, cấu trúc trên được sử dụng khi nam giới đưa ra mệnh lệnh một cách mạnh mẽ.
Ngoài ra, còn sử dụng cấu trúc này khi cổ vũ, cổ động, bảng thông báo, áp phích, quảng cáo, v.v..
Giống như trong ví dụ ③④⑥, cấu trúc này được dùng với cả những trường hợp truyền đạt gián tiếp thông tin nào đó mà không cần dùng đến dấu ngoặc vuông「　」.

2　〜こと

① 【学校で】先生「レポートは来週月曜日に必ず出すこと。遅れないこと。」
② 申込書を書く前に注意書きをよく読むこと。
③ 【立て札】危ないからこの川で泳がないこと。

動辞書形／ない形　＋こと

☞「〜しなさい／〜してはいけない。」主に注意や指示を張り紙などに書いて伝えるときに使う。

"Hãy ~/Không được ~."
Cấu trúc này chủ yếu được dùng để đưa ra những nhắc nhở, yêu cầu, chỉ thị ghi trên biển cảnh báo, v.v…

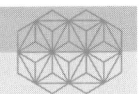

3　〜べきだ・〜べき／〜べきではない

①これは大事なことですから、もう少し話し合ってから決めるべきだと思いますよ。
②仕事はたくさんあるが、まず、今日中にやるべきことから始めよう。
③せっかく入った会社なのだから、簡単に辞めるべきではない。
④子どもは夜遅くまで外にいるべきではない。
⑤あしたまでのレポートがまだ書き終わらない。もっと早くから始めるべきだった。

🔗　動 辞書形　＋べきだ・べきではない　　　＊例外　する→するべきだ・すべきだ

　　動 辞書形　＋べき・べきではない＋名

☛　「〜するのが当然だ・〜したほうがいい／〜してはいけない・〜しないほうがいい。」規則で決まっていることではなく、話者の主張を言うときに使う。⑤のように過去形を使って反省や後悔を表すこともある。
"Làm ~ là việc đương nhiên/Nên làm ~/Không được làm ~/Không làm~ thì hơn."
Được sử dụng khi người nói đưa ra ý kiến về một sự việc nào đó, chứ không phải là những điều được quy định sẵn.
Có những trường hợp thể hiện sự hối tiếc, ân hận nếu cấu trúc này chia về quá khứ như trong ví dụ ⑤.

4　〜たらどうか

①体のことが心配なら、一度健康診断を受けたらどうでしょうか。
②疲れているみたいですね。少し休んだらどうですか。
③迷惑メールが多いの？　じゃ、アドレスを変えたらどう？
④悪いのはそっちですよ。一言謝ったらどうですか。

🔗　動 たら　＋どうか

☛　「〜するのがいいですよ。」助言や忠告の気持ちで相手にある行為を軽く勧めるときに使う。④のように、その行為をしないことを非難する言い方にもなる。
"Làm ~ thì sẽ tốt hơn đấy!"
Sử dụng khi nhẹ nhàng đề nghị, động viên, khuyên nhủ đối phương làm gì đó.
Giống như trong ví dụ ④, đây còn là cách nói chê trách đối phương khi họ không thực hiện.

練習（9課・10課）

9課

1 ずっと（　　）所に父が連れていってくれた。とても楽しかった。
   a 行きたかった　　b 行ってほしかった　　c 行ってもらいたかった

2 だれかわからないけど、道にごみを（　　）もらいたいなあ。
   a 捨てられて　　b 捨てないで　　c 捨てられないで

3 卒業式では写真を撮ったんでしょう。ぜひ（　　）ほしいです。
   a 見て　　b 見せて　　c 見られて

4 今日はおなかが痛いので、アルバイトを（　　）いただきたいのですが。
   a 休んで　　b 休まれて　　c 休ませて

5 説明がよくわかりませんでした。もう一度（　　）ほしいのですが。
   a 教えて　　b 教えさせて　　c 教わって

6 あのう、お客様、店内のガラス製品に（　　）いただきたいのですが……。
   a 触って　　b 触らせて　　c 触らないで

7 来週からご旅行ですか。（　　）いいですね。
   a 天気がいいと　　b 天気がいいなら　　c 天気がいいのは

8 おめでとうございます。（　　）よかったですね。
   a 合格できると　　b 合格できて　　c 合格できれば

10課

1 先生が「話を（　　）。」と言っているのに、まだみんなしゃべっています。
   a やめ　　b やめれ　　c やめろ

2 今すぐ金を（　　）と言われても困ります。来週必ず払いますから、待ってください。
   a 払う　　b 払え　　c 払える

3 A「そんなに笑わないでくださいよ。」
   B「（　　）と言われても、おかしくてどうしても笑ってしまいますよ。」
   a 笑って　　b 笑え　　c 笑うな

4 【張り紙】部屋を出るときは電気を（　　）こと。
   a 消す　　b 消している　　c 消した

5 【立て札】芝生に（　　）。
   a 入らないこと　　b 入れないこと　　c 入らないことだ

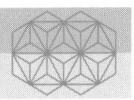

6 森田君、いつも遅いね。新入社員はもっと早く会社に（　　）だよ。
　　a 来べき　　　　　　　　b 来るべき　　　　　　　　c 来べき
7 そんなにたくさんのお金を友だちから（　　）。友だちも困るだろう。
　　a 借りるべきではない　　b 借りるべきだ　　　　　　c 借りないべきだ
8 日本の法律では、二十歳になっていない人はお酒を（　　）。
　　a 飲めません　　　　　　b 飲むべきではありません　c 飲むことではありません
9 机の上が暗すぎませんか。もう少し（　　）どうですか。
　　a 明るくなったら　　　　b 明るくしたら　　　　　　c 明るかったら
10 ちょっと調べたいことがあるんですが、このパソコンを（　　）。
　　a 使ったらどうですか　　b 使うのがどうですか　　　c 使ってもいいですか

9課・10課

1 わあ。ゆう子さん、着物が似合いますね。国の家族に見せたいので、写真を（　　）。
　　a 撮ってもいいですか　　b 撮ったらどうですか　　　c 撮ってほしいのですが
2 来月わたしたちのダンスの発表会があります。ぜひ皆さんで見に（　　）です。
　　a 来たい　　　　　　　　b 来てほしい　　　　　　　c 来させてほしい
3 じょうだんを（　　）です。わたしはまじめに話しているんです。
　　a 言わないといい　　　　b 言わないでもらいたい　　c 言わせないでほしい
4 すみません。このピアノ練習室をわたしにも（　　）のですが。
　　a 使ってもらいたい　　　b 使われるといい　　　　　c 使わせてほしい
5 どの学校を選ぶか、もっとよく考えて（　　）と今では残念に思っている。
　　a 決めるべきだった　　　b 決めるといい　　　　　　c 決めたらどうか
6 店長、わたしたちにもう少し休みを（　　）。働きすぎです。
　　a とったらどうですか　　b とればいいです　　　　　c とらせていただきたいです
7 彼女にあんなことを言う（　　）。きっと彼女は怒っているだろう。
　　a べきではなかった　　　b ことではなかった　　　　c わけではなかった
8 入国するときも出国するときも、空港でパスポートを（　　）。
　　a 見せるべきです　　　　b 見せるといいです　　　　c 見せなければなりません
9 9時半か。弟の試験は9時からだと言っていたから、もう始まっている（　　）。
　　a といい　　　　　　　　b はずだ　　　　　　　　　c べきだ

11課 ～(よ)うと思う

1 ～ことにする・～ことにしている

→第1部 G

① 冷蔵庫がこわれたので、新しいのを買うことにした。
② 口を出すと怒られるので、何も言わないで黙っていることにした。
③ 娘「お父さん、今度の休みにディズニーランドに連れていってよ。」
　父「よし、わかった。じゃ、友だちとゴルフに行く約束は断ることにするよ。」
④ 部長の言葉はいつもとてもきびしいが、わたしは気にしないことにしている。

動 辞書形／ている／ない形　＋ことにする

動 辞書形／ない形　＋ことにしている

「～と決める。」「～ことにした」という形で使うことが多いが、③のようにその場の決心を表すこともある。④のように「～ことにしている」の形は、決心したことを今も続けていることを表す。～は意志的動作を表す動詞。

"Tôi quyết định ~."
Đa phần cấu trúc này được sử dụng ở dạng "～ことにした", nhưng cũng có trường hợp thể hiện quyết tâm ngay thời điểm nói như trong ví dụ ③.
Cách nói "～ことにしている" như trong ví dụ ④ thể hiện bản thân bây giờ vẫn đang tiếp tục thực hiện quyết tâm đã đặt ra.
"~" là động từ thể hiện hành động có ý chí.

2 ～ようにする・～ようにしている

→第1部 G

① 水や電気は大切に使うようにしましょう。
② 妻「あなたの帰りが毎日遅いから、子どもたちがさびしがっているわ。」
　夫「そうか。これからはもっと早く帰るようにするよ。」
③ 集合時間に遅れないようにしてください。
④ わたしはなるべく自分で料理を作って食べるようにしている。

動 辞書形／ない形　＋ようにする・ようにしている

「～する／しないことを心がける。」 ④のように「～ようにしている」の形は、努力を続けていることを表す。～は意志的動作を表す動詞。

"Cố gắng làm/không làm ~."
Cách nói "～ようにしている" như trong ví dụ ④ thể hiện sự nỗ lực vẫn đang được duy trì.
"~" là động từ thể hiện hành động có ý chí.

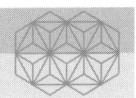

3 ～（よ）うとする

①あの子は一生けんめい手を伸ばして、テーブルの上のおもちゃを取ろうとしている。
②きのうの夜は眠ろうとしてもなかなか眠れなかった。
③家を出ようとしたとき、突然大雨が降り出した。
④重い荷物を持ち上げようとしたら、腰が痛くなってしまった。
⑤いくら勧めても夫は病院へ行こうとしない。
⑥父に事情を説明しようとしたが、父は話を聞こうとはしなかった。

動 う・よう形　＋とする

「～を実現させることを試みる。」 ③④のように、～の行為の直前であることを表すこともある。
⑤⑥のように、否定の形は話者以外が主語で、～する意志が全くないことを表す。

"Thử làm một việc khiến cho ~ được thực hiện."
Giống như trong ví dụ ③④, cũng có những trường hợp cấu trúc này thể hiện điều gì đó xảy ra ngay trước hành động "~".
Giống như trong ví dụ ⑤⑥, với chủ ngữ không phải là người nói, cấu trúc này chia về phủ định sẽ thể hiện rằng người đó hoàn toàn không có ý định thực hiện "~".

4 ～つもりだ

①わたしは今年77歳ですが、まだまだ若いつもりです。
②じょうだんで言ったつもりの言葉だったが、彼は怒ったような顔をした。
③先に入社した由美は先輩のつもりらしいが、本当はわたしの方が年上なのだ。
④こんなに汚いのに、それでも掃除したつもりですか。

普通形（ナ形 だ -な・名 だ -の）　＋つもりだ

＊この使い方の場合、動 辞書形・ない形にはつかない

「(実際はそうではないが・ほかの人はそう思わないかもしれないが)自分では～の気持ちを持っている。」 ④のように相手を非難する言い方にもなる。

"(Thực tế thì không phải như vậy/người khác có lẽ không nghĩ như vậy nhưng) bản thân mình thì lại có cảm giác ~."
Cấu trúc này cũng có thể trở thành cách nói phê phán đối phương như trong ví dụ ④.

12課 敬語

1. 尊敬語（目上の人の行為を言う）

Tôn kính ngữ (Dùng để nói về hành động của người trên)

（先生は）	ふつうの言い方
今日は何時ごろ**お帰り**になりますか。 何年に大学を**ご卒業**になったのですか。 明日の会議には出席**されます**か。	（一般の動詞文）
こちらにお名前を**お書き**ください。 ぜひ**ご連絡**ください。	～てください
研究会の会長**でいらっしゃいます**。 お元気**でいらっしゃる**そうです。	～だ
京都に住ん**でいらっしゃいます**。 何を**お探し**ですか。 新エネルギーを研究し**ておいでになります**。	～ている
推薦書を書い**てくださいました**。	～てくれる
いつわたしの国へ**いらっしゃいました**か。 いつわたしの国へ**おいでになります**か。 さきほど**見えました**よ。	来る
来月アメリカへ**いらっしゃいます**。 来月アメリカへ**おいでになる**ようです。	行く
今晩はお宅に**いらっしゃる**でしょう。 今晩はお宅に**おいでになります**か。	いる
ゴルフを**なさいます**か。	する
この雑誌を**ごらんになります**か。	見る
和食を**召し上がります**。お酒も**召し上がります**。	食べる・飲む
お名前は何と**おっしゃいます**か。	言う
あの方を**ご存じ**ですか。	知っている

2. 謙譲語1（目上の人に関係のある、自分の行為を言う）

Khiêm tốn ngữ (1) (Dùng để nói về hành động của bản thân trong mối liên quan với người trên)

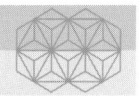

（わたしは）	ふつうの言い方
（先生の）ご本を**お借りします**。（先生を）会場へ**ご案内します**。	（一般の動詞文）
完成品はまだ（先生に）**お見せできません**。	（可能の動詞文）
（先生に）ピアノを教え**ていただきました**。	～てもらう
（先生の写真を）ちょっと**拝見します**。	見る
（先生に）お礼を**申し上げます**。	言う
（先生に）ちょっと**伺います**が……。	聞く
あした3時に（先生の）お宅に**伺います**。	訪ねる
あした3時に（先生に）**お目にかかります**。	会う
（先生に）本を**さしあげます**。	あげる

3. 謙譲語2（自分の行為をていねいに言う）

Khiêm tốn ngữ (2) (Dùng để nói một cách khiêm tốn về hành động của bản thân)

（わたしは）	ふつうの言い方
あした3時に**参ります**。	来る・行く
夜は家に**おります**。	いる
片付けは後でわたしが**いたします**。	する
刺身も日本酒も**いただきます**。	食べる・飲む
山中と**申します**。	言う
行き先はよく**存じております**。	知っている
いくつか方法があると**存じます**。	思う

4. 丁寧語（自分や相手に関係なく、ものごとをていねいに言う）

Từ lịch sự (Dùng để nói về các sự vật, sự việc không liên quan đến mình cũng như đối phương một cách lịch sự)

	ふつうの言い方
これは新製品**でございます**。	～だ
パソコン用品は3階に**ございます**。	ある

12課　敬語 — 53

練習（11課・12課）

11課

1　今度の日曜日はどこへも行かないで家で（　　　）ことにした。
　　a　ゆっくりできる　　　b　ゆっくり休む　　　c　ゆっくり休んでいられる

2　今、週18時間もアルバイトをしている。もうこれ以上（　　　）ことにした。
　　a　増えない　　　　　　b　増やさない　　　　c　増やせない

3　わたしはもう油の多い料理は（　　　）ようにしよう。
　　a　食べない　　　　　　b　食べられない　　　c　食べていない

4　健康のために1日40分は（　　　）いる。
　　a　歩くようにして　　　b　歩けるようになって　c　歩くようになって

5　薬は好きじゃないと言って、（　　　）病院から出た薬を飲もうとしない。
　　a　わたしは　　　　　　b　山口さんは　　　　c　わたしも夫も

6　電車に乗ろうとしたら、（　　　）。
　　a　電車が来た　　　　　b　電車のドアが開いた　c　電車のドアが閉まった

7　これ、ねずみに見えますか。自分ではねこを（　　　）つもりですが……。
　　a　かく　　　　　　　　b　かいた　　　　　　c　かこうという

8　この靴下はていねいに（　　　）つもりだが、まだ完全にはきれいになっていない。
　　a　洗濯する　　　　　　b　洗濯される　　　　c　洗濯した

9　あなたはそれでも（　　　）つもりですか。プロならきちんと仕事をしてください。
　　a　プロの　　　　　　　b　プロだと思う　　　c　プロらしい

12課

1　高橋先生が先週水曜日に帰国（　　　）。
　　a　いたしました　　　　b　されました　　　　c　いたされました

2　客　「あの、わたしの番はまだでしょうか。20分ぐらい待っているんですけど。」
　　銀行員「何番の紙を（　　　）。ああ、12番ですね。では、次です。」
　　a　お持ちされますか　　b　お持ちですか　　　c　お持ちしていますか

3　お父様はあなたに何と（　　　）。
　　a　申されましたか　　　b　申し上げましたか　c　おっしゃいましたか

4　わたしはリーと（　　　）。台湾からの留学生です。
　　a　申します　　　　　　b　申し上げます　　　c　おっしゃいます

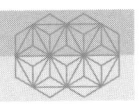

5 客「すみません。牛乳はどこですか。」
　店員「あ、牛乳ですか。牛乳はあそこのパン売り場のとなりに（　　　）。」
　　a いたします　　　　　　b ございます　　　　　　c おります
6 どうぞご自由にパンフレットを（　　　）ください。
　　a お取り　　　　　　　　b いただいて　　　　　　c お持ちして
7 お忙しいとは（　　　）が、できるだけ早くお返事をいただけますか。
　　a ご存じます　　　　　　b ご存じです　　　　　　c 存じます
8 では次に、こちらのグラフを（　　　）。
　　a ごらんください　　　　b ごらんでください　　　c ごらんしてください
9 来月国から両親が（　　　）。
　　a 見えます　　　　　　　b 参ります　　　　　　　c おいでです

11課・12課

1 駅の改札を（　　　）したとき、切符をなくしたことに気がついた。
　　a 出るつもりに　　　　　b 出ようと　　　　　　　c 出るように
2 あさっては大雨が降るそうだよ。ハイキングは来週（　　　）。
　　a 行こうとしようよ　　　b 行くことにしようよ　　c 行くようになろうよ
3 弟はさっきからテーブルの上に卵を（　　　）しているが、難しいだろう。
　　a 立てようと　　　　　　b 立てることに　　　　　c 立てたつもりに
4 教えていただいたときは（　　　）が、後で自分でやってみたらできませんでした。
　　a わかろうとなさいました　b おわかりのことでした　c わかったつもりでした
5 3月3日にうちでパーティーを開く（　　　）ので、ぜひおいでください。
　　a ようになさいました　　b ようにしておりました　c ことにいたしました
6 わたしはいつも必ず朝7時のニュースを（　　　）います。
　　a 見るようにして　　　　b 拝見するようにして　　c ごらんになることにして
7 では、今度は来週の月曜に（　　　）しましょう。
　　a お会いすることに　　　b お会いになることに　　c お会いしようと
8 あの、お荷物が多くて大変でしょう。一つ、（　　　）。
　　a お持ちになるようにしますよ　　　　　b お持ちしますよ
　　c お持ちになりますよ

まとめ問題（1課～12課）

つぎの文の（　　　）に入れるのに最もよいものを、1・2・3・4から一つえらびなさい。

1　課長、今度の工場見学にはわたしもいっしょに（　　　）んですが、いいでしょうか。
1　行ってほしい　　　　　　　2　行っていただきたい
3　行かせたい　　　　　　　　4　行かせていただきたい

2　日本語をたくさん話したいから、教室では自分の国の言葉を（　　　）。
1　使うとは限らない　　　　　2　使わないようにしている
3　使うことではない　　　　　4　使わないわけではない

3　5時ごろ空港から電話があったのだから、そろそろ家に着く（　　　）だ。
1　ばかり　　　　　　　　　　2　つもり
3　はず　　　　　　　　　　　4　べき

4　【図書館で】あ、それは持ち出し禁止の資料ですので、（　　　）。
1　お借りできません　　　　　2　お貸しできません
3　お借りしません　　　　　　4　お貸しになりません

5　A「すみません、ちょっとその辞書を（　　　）。」
　　B「いいですよ。どうぞ。」
1　借りてもいいですか　　　　2　借りたらどうですか
3　借りてほしいんですが　　　4　借りるといいですよ

6　先生「皆さん、この書類は大切なので、絶対に（　　　）。わかりましたか。」
1　なくすわけではありません　2　なくさないべき
3　なくすことはありません　　4　なくさないこと

7　会社を（　　　）、課長に呼び止められた。
1　出るようにしたら　　　　　2　出ている間
3　出ようとしたら　　　　　　4　出ているうちに

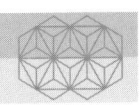

8 A「もしもし、田中ですが、これからお宅に（　　　）よろしいですか。」
　B「ええ、どうぞ。お待ちしています。」
　1　おいでになっても　　　　　　2　伺っても
　3　いらっしゃっても　　　　　　4　お目にかかっても

9 A「お宅のこうちゃん、薬飲まないの？」
　B「そうなの。あの子、（　　　）、いやがって口を開けないのよ。」
　1　飲むことにしても　　　　　　2　飲むつもりでも
　3　飲ませたつもりでも　　　　　4　飲ませようとしても

10 A「あした、柔道の試合に出るんです。」
　B「そうですか。自分の力が（　　　）。」
　1　出せるといいですね　　　　　2　出せたらどうですか
　3　出るといいですよ　　　　　　4　出ればよかったですね

11 店に入りたかったが、もう閉店時間だった。もっと早く来る（　　　）だった。
　1　ほど　　　　　　　　　　　　2　はず
　3　こと　　　　　　　　　　　　4　べき

12 【美術館で】あの、お客様、どちらへ（　　　）。この奥は関係者以外は入れませんが。
　1　行かれますか　　　　　　　　2　参りますか
　3　おられますか　　　　　　　　4　見えますか

13 一度失敗しただけで（　　　）よ。もう少しがんばって。
　1　あきらめたわけがない　　　　2　あきらめたはずがない
　3　あきらめるわけではない　　　4　あきらめるべきではない

まとめ問題（1課〜12課）　57

文法形式の整理 A いろいろな働きをする助詞

文にいろいろな意味を含ませる助詞には次のようなものがあります。
Dưới đây là những trợ từ bao hàm nhiều ý nghĩa trong câu:

助詞	意味	例文
こそ	ほかとはっきり区別して強調する Nhấn mạnh và phân biệt rõ ràng với yếu tố khác	今度こそ優勝したい。 この資料こそ長い間探していたものだ。 親だからこそ自分の子をきびしくしかるのだ。
でも	極端な例を出して、ほかは当然だと暗に示す Ám chỉ yếu tố khác là đương nhiên bằng cách đưa ra ví dụ cực đoan	そんなことは子どもでも知っている。 小さなミスでも見落としてはいけない。 妹は初めて会った人とでもすぐ仲よくなる。
	提案・意志・依頼などの文で例を示す Đưa ra một ví dụ trong câu đề nghị, ý chí, nhờ vả, v.v.	お茶でも飲みましょうか。 映画でも見ようかな。 荷物は机の上にでも置いておいてください。
も	「全く〜ない」と強く否定する Phủ định mạnh mẽ rằng "hoàn toàn không 〜"	1日も休まないで学校に通った。 財布は空っぽだ。1円も残っていない。 この写真、だれにも見せないでくださいよ。
	極端な例を出して、ほかも同じだと示す Chỉ ra rằng những yếu tố khác cũng như vậy bằng cách đưa ra một ví dụ cực đoan	足が痛くて立つこともできない。 この子はもう難しい漢字も書ける。 こんなに高い山の上にも店がある。
さえ	極端な例を出して、程度の意外さを強調する Nhấn mạnh mức độ ngoài ý muốn bằng cách đưa ra một ví dụ cực đoan	冷蔵庫には卵さえ入っていない。 旅好きな彼は北極にさえ行ったことがある。 学者でさえ解けない問題が試験に出た。
	必要最低限を示す　→第1部 6課-3 Chỉ ra hạn mức tối thiểu nhất cần có	自分さえよければ、それでいいのですか。 雨さえ降らなければ、花火ができる。 人に道を聞きさえすれば、迷子にならないよ。
まで	範囲の広がりの意外性を強調する Nhấn mạnh sự không ngờ tới do sự việc lan rộng phạm vi	赤ん坊が泣くと、わたしまで泣きたくなる。 借金までして高い車を買わなくてもいい。 会ったことがない人にまで年賀状を出した。

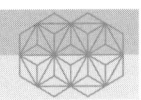

ぐらい / くらい	軽い程度・最低限を示す Biểu thị mức độ nhẹ/mức tối thiểu	簡単なあいさつ**ぐらい**なら日本語で言える。 今日は少し**ぐらい**お酒を飲んでもいいね。 日曜日**ぐらい**休ませてくださいよ。
	同じ程度の例を示す　→第1部 3課-① Đưa ra ví dụ cùng mức độ	卵**ぐらい**の大きさのパンを作った。 うちの娘**ぐらい**の女の子が泣いていた。 この車はわたしにも買える**くらい**の値段だ。
など / なんか	提案の文で、ほかにもあるという気持ちで案を示す Xuất hiện trong câu đề nghị, đưa ra một phương án với ý chỉ ngoài phương án này ra vẫn còn những phương án khác	この服**など**いかがですか。似合いますよ。 食後には果物**など**召し上がりませんか。 連休にどこかに行こうよ。ハワイ**なんか**どう。
	軽く考えること・謙遜の気持ちを表す Thể hiện sự coi nhẹ/thái độ khiêm tốn	お礼**など**要りませんよ。 ダイエット**など**したくない。 わたし**なんか**まだまだ勉強が足りません。
だけ	限定する Hạn định	わたしは動物が好きだが、へび**だけ**はいやだ。 母に**だけ**は本当のことを話そうと思う。 彼は黙って聞く**だけ**で何も言わなかった。
	範囲の限界を示す Biểu thị giới hạn phạm vi	好きな**だけ**食べてもいいよ。 彼は言いたい**だけ**言って帰ってしまった。 やれる**だけ**のことはもうみんなやった。

＊これらの助詞は、助詞のような働きをする言葉の後にもつく。　　　　　　　　　　→第1部 B
Những trợ từ này còn có thể đứng sau những từ đóng vai trò như trợ từ.

例 ・わたしは自分の国の歴史について**さえ**よく知らない。
　 ・久美さんは親しい友だちに対して**まで**敬語を使う。

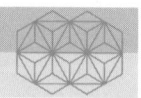

練習1 ☐から最も適当なものを選びなさい。

| a こそ | b でも | c さえ | d まで | e ぐらい | f など | g だけ |

1 次の電車までまだ時間があるから、雑誌（　）読んで待っていよう。
2 お父さんは出張で疲れているだろうから、寝たい（　）寝させてあげよう。
3 A「自転車を直してくれてありがとうございました。あの、おいくらでしょうか。」
　 B「いや、お金（　）要りませんよ。自転車屋じゃないんですから。」
4 道が込んでいて、自動車も自転車（　）のスピードでしか走れない。
5 毎朝電車で会う、名前（　）知らない人を好きになった。
6 A「本当に申し訳ありませんでした。」
　 B「いえ、わたしの方（　）大変失礼しました。」
7 自分のだけでなく、となりに座っていた人の資料（　）持ってきてしまった。

練習2 どちらか適当な方を選びなさい。

1 あいさつぐらいちゃんと｛a できなければだめだ。／b できて偉いですね。｝
2 その本は買っただけで、｛a とても面白かった。／b まだ読んでいない。｝
3 あの人となんか｛a 早く会いたい。／b 二度と会いたくない。｝
4 この画家の名前は、全く絵に興味がない人でも｛a 知っているだろう。／b 知らないだろう。｝
5 苦手な漢字のテストが夢にまで｛a 出てくる。／b 出てこない。｝
6 わたしはとなりに住んでいる人の顔さえ｛a 見たことがある。／b 見たことがない。｝
7 その店にはわたしのほかに客は一人も｛a いたかもしれない。／b いなかった。｝

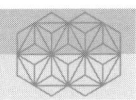

ワンポイントレッスン　「も」と「しか」、「ぐらい・くらい」と「まで」

◎（　　）の中に「も」か「しか」を書きなさい。

1　ここに住所を書くんですか。わたしはまだひらがな（　　　）書けません。ひらがなでいいですか。

2　ここに住所を書くんですか。わたしはまだひらがな（　　　）書けません。ローマ字でいいですか。

3　A「胃の検査をするので、朝から水（　　　）飲んでいないんです。」
　　B「あ、水を飲んだんですか。それじゃ、検査ができないと思いますよ。」

4　A「答えがわかった人はクラスで一人（　　　）いなかったんです。」
　　B「え！　だれもわからなかったんですか。」

◎（　　）の中に「ぐらい」か「まで」を書きなさい。

5　母は30年も前の細かいこと（　　　）よく覚えている。

6　きのうのこと（　　　）忘れないで覚えていてくださいよ。

7　自分のこと（　　　）自分で考えなさい。

8　10年も前にもらった年賀状（　　　）大事にしまってある。

▼

「も」と「しか」：「～も」は～を含む全部を否定する。「～しか」は～以外を否定する。

"～も" phủ định toàn bộ bao gồm cả ~. "～しか" phủ định tất cả, ngoại trừ "～".

例・一日もひまはない。　　Không rảnh dù chỉ một ngày.
　・一日しかひまはない。　　Chỉ rảnh mỗi một ngày.

「ぐらい・くらい」と「まで」：「ぐらい」は低い程度、「まで」は高い程度を表す。

"ぐらい" thể hiện mức độ thấp, "まで" thể hiện mức độ cao.

例・卵焼きぐらい作れますよ。　　Cỡ như rán trứng thì tôi làm được đấy.
　・母は豆腐まで自分で作る。　　Mẹ tôi tự làm được cả món đậu phụ.

A　いろいろな働きをする助詞

B 助詞のような働きをする言葉

1 〜について…

①すみません、入学手続きについて聞きたいのですが……。
②今、わたしの国の教育についてレポートを書いています。
③この作品についての感想を話していただけませんか。

　　名 +について

「〜の内容・〜に関係があることを…する。」 〜は話題を表す言葉。…は「思う・考える・話す・聞く・調べる・書く・説明する・知っている」などの動詞の文。
"Làm ... về nội dung ~/có liên quan đến ~."
" ~ là từ ngữ thể hiện chủ đề.
"..." là câu có các động từ như "おもう/かんがえる/はなす/きく/しらべる/かく/せつめいする/しっている"/v.v..

2 〜に対して…・〜に対する

A ①ホテルの人は客に対して非常にていねいな言葉を使う。
②父の意見に対して家族のみんなが反対した。
③新しく工場を作るため、会社側は近所の住民に対して理解を求めた。
④最近、政府に対する批判が大きくなっている。

　　名 +に対して

　　名 +に対する+名

「〜に向けて…する・…という態度を示す。」 …は〜への行為や態度などを表す文（求める・文句を言う・感謝する・きびしい・親切だなど）。
"Thực hiện ... hướng đến ~/Thể hiện thái độ ..."
"..." là câu thể hiện hành động hay thái độ, v.v. đối với ~. (Những từ thường được dùng trong câu như もとめる/もんくをいう/かんしゃする/きびしい/しんせつだ/v.v..)

B 今年、3月は雨の日が多かったのに対して、4月は少なかった。　　→第1部 4課-1

3 〜によって…

A ①『坊ちゃん』という小説は1906年に夏目漱石によって書かれた。
②この伝統的な祭りは昔からこの地方の人々によって守られてきた。
③ある無名の人によって作られたこの歌を、今ではみんなが歌っている。

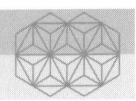

- 🔖 名 ＋によって
- 👉 …は受身文。〜はその行為をする人。主に生物以外のものが主語になる受身文の中で、行為をする人を言いたいときに使う。
    "..." là câu bị động. "~" là người thực hiện hành động đó. Với chủ ngữ là bất động vật, "によって" được sử dụng trong câu bị động khi muốn đề cập đến người thực hiện hành động.

B 人によって感じ方が違う。 →第1部 2課-[2]

C タクシー代の値上げによって利用者が減った。 →第1部 5課-[2]

4 〜にとって…

①日本に住む留学生にとって円高は重大な問題だ。
②若い女性にとって買い物は楽しいことです。
③これはただの石ですが、わたしにとっては忘れられない思い出の品です。

- 🔖 名 ＋にとって
- 👉 「〜の立場から考えると…だ。」 …は形容詞を含む文が多い。
    "Nếu suy nghĩ từ lập trường của ~ thì ..."
    "..." đa phần là các câu văn có chứa tính từ.

5 〜として…

①リーさんは国費留学生として日本に来た。
②大山君はこの学校の代表として「平和を考える会議」に参加する。
③わたしはコーヒーカップを花びんとして使っています。
④この地方はお茶の産地として有名です。

- 🔖 名 ＋として
- 👉 「〜という立場、資格、役割、名目で…。」
    "Với lập trường, tư cách, vai trò, danh nghĩa ~, ..."

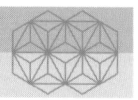

練習1 □から最も適当なものを選びなさい。

> a について　b に対して　c によって　d にとって　e として

1 自分の両親（　　）改めて感謝の言葉を伝える機会は、なかなかない。
2 父は数学の教師（　　）中学校に勤めています。
3 この学校（　　）インターネットで調べてみた。
4 風力発電は風の力（　　）風車を回して、電気を起こすものだ。
5 この作家は1920年に医者の家の長男（　　）生まれた。
6 今、日本文化（　　）書いてある資料をいろいろ集めています。
7 ボランティアの皆さん（　　）祭りの会場はもうすっかり整えられました。
8 ある人がつまらないと思うことが、ほかの人（　　）は面白いということがある。
9 みかんが暖かい地方で作られるの（　　）りんごは寒い地方で作られる。
10 成長期の子どもたち（　　）眠ることはとても大切です。
11 服のデザインは時代（　　）変わる。
12 これから今度の旅行の計画（　　）ご説明いたします。
13 昔、コーヒーやお茶は薬（　　）飲まれていた。
14 医学の発達（　　）さまざまな病気が治るようになってきた。

練習2 どちらか適当な方を選びなさい。

1 わたしはこの作曲家について ｛ a とても好きです。／ b 何も知りません。｝
2 このサービスは80歳以上の一人暮らしの方に対して ｛ a 行われるものです。／ b とてもありがたいです。｝
3 わたしは今日 ｛ a リーさんに／ b リーさんによって｝ 誘われて映画を見に行った。
4 この問題はわたしにとって ｛ a よく考えなければなりません。／ b 簡単だとは言えません。｝
5 まだ使えるものがごみとして ｛ a 捨てられている。／ b もったいないと思う。｝

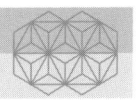

ワンポイントレッスン　「～について」と「～に対して」と「～にとって」

◎ ☐ から最も適当なものを選びなさい。

a について　　b にとって　　c に対して

1　新しく来た先生（　　　）みんながうわさをしている。
2　先生（　　　）その話し方は失礼だ。
3　青山先生（　　　）学生たちは自分の子どものようなものだそうだ。
4　今のわたし（　　　）必要なのは、静かに考える時間だ。
5　あの市長（　　　）最も難しいのは、計画を住民に理解してもらうことだろう。
6　あの市長（　　　）何かご存じですか。
7　わたしたちはあの市長（　　　）計画の中止を求めた。
8　あの市長はわたしたち市民（　　　）いつも偉そうな態度だ。

▼

～について：～は思考に関係のある行為（思う・書く・話す・聞くなど）の内容を表す。

"～" thể hiện nội dung của hoạt động có mối liên quan với suy nghĩ (おもう/かく/はなす/きく/v.v.).

例　親について文句を言う。（文句の内容は親に関係があること）

～に対して：～は行為（要求する・行うなど）や態度（親切だ・きびしいなど）が向けられる対象を表す。

"～" thể hiện đối tượng được hướng tới của hành động (ようきゅうする/おこなう/v.v.) hay của thái độ (しんせつだ/きびしい/v.v.).

例　親に対して文句を言う。（文句を言う相手は親）

～にとって：～は判断や評価をする立場を表す。

"～" thể hiện lập trường của phán đoán, đánh giá.

例　親にとって子どもの成長は何よりの喜びだ。（喜びだと考える人は親）

C 「こと・の」の使い方

「こと」「の」は両方同じように使える場合と、使い分けなければならない場合があります。
Có những trường hợp "こと" và "の" có thể được sử dụng như nhau, nhưng cũng có những trường hợp phải phân chia rõ ràng cách dùng.

◆「こと」だけを使う場合(「の」は使わない)

a)「〜は…ことだ」の文で、〜の内容を…で示すとき
　　Khi chỉ ra nội dung của "〜" ở "..." trong cấu trúc "〜は…ことだ"

　例・わたしの将来の夢は、漫画家になること(~~の~~)です。(将来の夢＝漫画家になること)
　　・サッカーというスポーツの特徴は、基本的に手を使ってはいけないこと(~~の~~)だ。
　　・ＡランチとＢランチの違いは、Aが魚料理でBが肉料理であること(~~の~~)だ。

b)「こと」を使う文法形式　　Các hình thái ngữ pháp sử dụng "こと"

　〜ことがある　⇒「たまに〜の場合がある。」
　　①妻はぼくが話しかけても返事をしないことがある。
　　②以前は仕事が多くて、12時ごろ家に帰ることもあった。

　　　動 辞書形／ない形　＋ことがある

　〜ことはない　⇒「〜する必要はない・〜しなくてもいい。」
　　①面接の質問は簡単ですよ。そんなに心配することはありませんよ。
　　②少し熱があるが、ただのかぜだろう。すぐに病院に行くことはない。

　　　動 辞書形　＋ことはない

　〜ということだ・〜とのことだ　　　　　　　　　　　→第1部 7課-[1]
　〜ないことはない　　　　　　　　　　　　　　　　→第1部 8課-[4]
　〜ことは〜が、…　　　　　　　　　　　　　　　　→第1部 8課-[5]
　〜こと　　　　　　　　　　　　　　　　　　　　　→第1部 10課-[2]
　〜ことにする・〜ことにしている　　　　　　　　→第1部 11課-[1]、第1部 G
　〜ことになる・〜ことになっている　　　　　　　　　　　　　→第1部 G

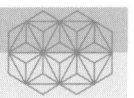

◆「の」だけを使う場合(「こと」は使わない)

a) 感覚でとらえた音や光景などを言うとき(「見る・見える・眺める・聞こえる・感じるなど」の動詞を使う。)

<u>Khi miêu tả tiếng động, quang cảnh theo cảm nhận (thì sử dụng các động từ như みる/みえる/ながめる/きこえる/かんじる/v.v..)</u>

例・この窓から庭で子どもたちが遊んでいるの (≠こと) が見える。
・あの日、家が大きく揺れるの (≠こと) を感じた。

b)「〜のに(は)…」の文で、〜という目的についての評価(便利だ・役に立つなど)を…で言うとき　　　　　　　　　　　　　　　　　　　　　　→第3部 1課

<u>Khi đánh giá (べんりだ/やくにたつ/v.v.) về mục đích "〜" bằng "…" ở trong cấu trúc câu "〜のに (は) …"</u>

例・車はこの村で生活するの (≠こと) にどうしても必要なのだ。
・短時間で食事をするの (≠こと) にはファストフードがやはり便利だ。

c)「〜のは…だ」の文で、強調したい情報を…で示すとき　　　　　　　　→第3部 1課

<u>Khi đưa ra thông tin cần nhấn mạnh ở "…" trong cấu trúc "〜のは…だ"</u>

例・彼女に初めて会ったの (≠こと) は5年前である。(5年前に彼女に会った。)
・遅く帰ったの (≠こと) は残業があったからだ。

d)「の」を使う文法形式

<u>Các hình thái ngữ pháp sử dụng "の"</u>

～というのは…だ　⇒「～の意味は…だ。」

①正三角形というのは三辺の長さが同じ三角形のことである。
②「アクセスする」というのはどんな意味ですか。

　　🔖 名 ＋というのは…だ

～のではないか・～のではないだろうか　⇒「～と思う。」

①こんなに塩辛い食品は体によくないのではないか。
②もしかしたらヤンさんは本当のことを知っているのではないでしょうか。

　　🔖 普通形 (ナ形 だ -な・名 だ -な)　＋のではないか・のではないだろうか

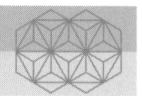

練習1 適当なものを選びなさい。(一つの場合も二つの場合もあります。)

1 失敗の原因は、しっかり
 a 準備をしなかったのです。
 b 準備しませんでした。
 c 準備しなかったことです。

2 わたしは木の下で
 a みんなが踊るの
 b みんなが踊ること
 c みんなの踊り
 を見ていた。

3
 a 食事に
 b 食事をするのに
 c 食事をしに
 行きませんか。

4
 a 泣くのはない
 b 泣くことはない
 c 泣かないの
 だろう。君の将来を考えて言っているんだ。

練習2 (　　)の中に「の」か「こと」を書きなさい。

1 パソコンはグラフを作る(　　)に役立つ。
2 わたしはホテルの窓から夕日が沈む(　　)を見ていた。
3 電車が遅れる(　　)もあるので、早めに家を出たほうがいい。
4 彼の欠点は時間を守らない(　　)だ。
5 わたしが泳げるようになった(　　)は、30歳のときなんです。
6 氷点という(　　)は水が氷になる、または氷が水になる温度のことである。
7 わたしがたばこをやめた(　　)は、赤ん坊のことを心配したからだ。
8 慌てる(　　)はない。時間はまだ十分ある。
9 これからはますます就職が難しくなる(　　)ではないか。
10 この道具は短時間で野菜を細かく切る(　　)に便利だ。
11 特別賞をもらった(　　)はわたしではなくて、ヤンさんという人です。
12 あれ？　あっちの方からだれかが呼んでいる(　　)が聞こえませんか。

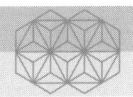

ワンポイントレッスン 「物」と「こと」

◎（　　　）の中に「物」か「こと」を書きなさい。

1　由美が作る（　　　）はいつもとてもおいしいね。
2　おいしい料理を作る（　　　）はとても楽しい。
3　子どもを育てるという（　　　）をわたしは大切に考えています。
4　これは何という（　　　）ですか。触ってみてもいいですか。
5　子どものころ祖母にいつも言われていた（　　　）を思い出した。
6　友だちに「持ってきてね」と言われていた（　　　）を家に置いてきてしまった。
7　この作文は先週自習の時間に書いた（　　　）です。
8　先週作文に書いた（　　　）は、全部本当です。
9　今日やりたいのは、ここに置いてある（①　　　）を片付ける（②　　　）です。

▼

物：　形がある、目で実際に見える実体

　　　Thực thể có hình thù, nhìn thấy được mặt mắt thường trong thực tế

　　例・ちょっと見てください。これ、きのう話した物です。
　　　・何か食べる物はありませんか。
　　　・昔、おじが外国で買ってきてくれた物を今でも大切にしている。

こと：形がなく、目で見えない内容

　　　Nội dung không có hình thù, không nhìn thấy được bằng mắt thường

　　例・きのうわたしが話したことは全部本当ですよ。
　　　・わたしたちだけでおいしい物を食べることは、お父さんには黙っていようね。
　　　・昔、おじが外国からお土産を買ってきてくれたことをよく覚えている。

C　「こと・の」の使い方　　69

D 「よう」のいろいろな使い方

「よう」を使った文法形式は「似ていることを表すもの」と「期待すること・要求することを表すもの」の二つの意味に分けられます。

Các hình thái ngữ pháp sử dụng "よう" có hai nét nghĩa: "thể hiện sự giống nhau" và "thể hiện sự kỳ vọng, yêu cầu".

1 〜（かの）ようだ・〜のようだ・〜（かの）ように…・〜のように…

→第1部 J

⇒よく似ているものに例えて言う

Sử dụng để ví von với sự vật khác có điểm giống

① 今日は暖かくて、まるで春が来たかのようだ。

② 朝から晩までロボットのように働いた。

③ バケツをひっくり返したような雨だった。

> 名の　＋ようだ・ように　　　＊③は名詞につく形。
>
> 名だ -である　＋かのような・かのように
>
> 動普通形　＋（かの）ようだ・（かの）ように

2 〜ように…

A ⇒大体同じであることを表す　Chỉ ra sự tương đồng

① 人間のように、植物にも栄養が必要だ。

② 母親が明るい人だったように、その娘たちも性格が明るい。

③ わたしたちはあなたが想像しているような関係ではありませんよ。

> 名の・普通形（ナ形だ -な／-である・名だ -である）　＋ように
>
> ＊③は名詞につく形。

B ⇒例を示す　Đưa ra ví dụ

① 日本語のように、使う文字が3種類もある言語は珍しい。

② わたしはにんじんやピーマンのような濃い色の野菜が好きだ。

③ 林さんは優しい。林さんのような人とつき合いたい。

> 名の　＋ように
>
> ＊②③は名詞につく形。

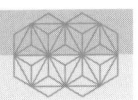

3 〜ように…

A ⇒…の内容がすでに知られていると前置きする

　　Câu mào đầu rằng nội dung "…" đã được biết đến trước đó

①前にも話したように、来週はわたしは日本にいません。
②今朝の新聞に書いてあったように、今年は米のできがいいらしい。
③ご存じのように、日本は台風が多い国です。

　🔗 動 辞書形／た形／ている　＋ように　　＊③は慣用的な言い方なので接続は例外的。

B ⇒期待することを表す。　　Thể hiện sự kỳ vọng, mong muốn.

①よく眠れるようにワインを少し飲んだ。
②池田さんは難しい社会問題をだれにでもわかるように説明する。
③赤ん坊が目を覚まさないようにテレビの音を小さくした。

　🔗 動 辞書形／ない形　＋ように　　＊話者の意志を表さない動詞を使う。

4 〜ように…・〜ようにと…・〜よう…

⇒要求することを表す　　Thể hiện yêu cầu

①雑誌を買ってくるように頼まれた。
②電車の中では携帯電話で話さないようにと注意された。
③今週中にご返信くださいますよう、お願い申し上げます。
④試験に合格できますように。（祈るときの言い方）

　🔗 動 辞書形／ない形　＋ように・ようにと・よう

　　＊③④のように、ていねいなお願いの場合はます形を使うこともある。

〜ようだ　　　かぜをひいたようだ。のどが痛い。

〜ようになる　　　　　　　　　　　　　　　　　　　　　　　　　　→第1部 G

〜ようになっている　　　　　　　　　　　　　　　　　　　　　　　→第1部 G

〜ようにする・〜ようにしている　　　　　　　　　　　→第1部 11課-2、第1部 G

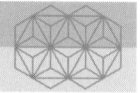

練習1 ☐から最も適当なものを選びなさい。

　　　　a ような　　b ように　　c ようだ

1　祖母ががまん強かった（　　）母もよくがまんする。
2　みんなが心配している（　　）問題点は、もう解決したのではないだろうか。
3　兄の話し方は実際に自分で見てきたかの（　　）から、とても面白い。
4　いつも言っている（　　）しっかり食べることは生活習慣の基本なのです。
5　話し合ったことを忘れない（　　）今すぐノートに書いておいたほうがいい。
6　わたしの今の立場がまるで王様の（　　）とは、だれも思わないだろう。
7　もっと字をていねいに書く（　　）注意されてしまった。
8　わたしの日本語の発音はフランス語の（　　）と言われた。
9　この本は、だれでも簡単に人形が作れる（　　）ていねいに説明してあります。
10　小さい子どもでも食べられる（　　）メニューは何かありますか。
11　表からわかる（　　）男女の大学進学率はほとんど同じになっています。
12　早くけがが治ります（　　）祈っております。
13　かぜをひかない（　　）外出から帰ったら手を洗いましょう。

練習2 どちらか適当な方を選びなさい。

1　出発の時間に（a 遅れる　b 遅れない）ように6時に家を出た。
2　この窓からよく（a 見る　b 見える）ように窓のそばに桜の木を植えた。
3　よく（a 聞く　b 聞こえる）ように、マイクを使いましょう。
4　希望の大学に（a 入れる　b 入る）ようにと神様にお願いした。
5　部長から連絡が（a ある　b あった）ように、今日の会議は2時からです。
6　父が喜んで（a 飲みそうな　b 飲むかのような）お酒を買ってきた。
7　母は地震の後も何もなかったか（a のように　b ように）落ち着いていた。
8　妹はケーキやあんパン（a のような　b らしい）甘い物ばかり食べている。

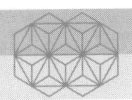

ワンポイントレッスン　「〜ように」と「〜ために」

◎（　　　）の中に「ように」か「ために」を書きなさい。

1　汚れをきれいに落とす（　　　　）、特別な洗剤を使ってみた。
2　汚れがきれいに落ちる（　　　　）、特別な洗剤を使ってみた。
3　この本は、簡単に漢字が覚えられる（　　　　）、説明が工夫されている。
4　漢字をしっかり覚える（　　　　）、一つの漢字を何度も紙に書いた。
5　覚えた漢字を忘れない（　　　　）、ときどき復習している。
6　かぜが早く治る（　　　　）、ビタミンCをたくさんとっています。
7　自分の店を持つという夢を実現する（　　　　）、会社を辞めた。
8　太陽の光が部屋いっぱいに入る（　　　　）、カーテンを大きく開けてください。
9　大学に入る（　　　　）、わたしはたくさんの準備をしなければならなかった。
10　子どもがいたずらをしない（　　　　）、書類をきちんと片付けておこう。

・・・・・・・・・・・・・・・・・・・▼・・・・・・・・・・・・・・・・・・・

〜ように：そうなってほしい状態。話者の意志を含まない動詞（無意志動詞・可能の意味の動詞・三人称が主語になる動詞など）につく。動詞の辞書形・ない形につく。

　　Là trạng thái mà người nói mong muốn. Đi với động từ không bao hàm ý chí của người nói (động từ vô ý chí/động từ chỉ khả năng/động từ có chủ ngữ là người thứ ba/v.v.). Động từ để ở dạng nguyên thể hoặc dạng －ない.

　　例・試合でいい成績が残せるように、みんながんばって練習している。
　　　・子どもがたくさん野菜を食べるように、料理をいろいろ工夫している。

〜ために：そうしようという行為の目的。話者の意志を含む動詞の辞書形につく。

　　Mục đích của hành động. Đi cùng với động từ dạng nguyên thể bao hàm ý chí ý chí của người nói.

　　例・試合でいい成績を残すために、みんながんばって練習している。
　　　・食材をむだなく食べるために、料理をいろいろ工夫している。

D 「よう」のいろいろな使い方

E 「わけ」のいろいろな使い方

1 ～わけだ・～というわけだ

① ここから東京駅まで1時間半か。じゃ、今から出れば9時には着くわけだ。
② ほかに空いている日がなかったから、その日に会うことにしたわけです。
③ 金曜日は授業が休み、月曜日は祝日だ。つまり、4連休というわけだ。
④ 夜中に雪が降ったんですね。それで、きのうの夜あんなに寒かったわけですね。
⑤ 彼女のお父さんは画家ですか。それで、彼女も絵が上手だというわけなんですね。

普通形（ナ形 だ -な／-である・名 だ -の／-な／-である） ＋わけだ

普通形（ナ形（だ）・名（だ）） ＋というわけだ

「事情から考えると、当然～という結論になる。(①②③)」「事情から考えると～という事実が納得できる。(④⑤)」

"Nếu suy nghĩ từ tình hình thực tế thì sẽ ra kết luật rằng đương nhiên ~. (①②③)"
"Nếu suy nghĩ từ tình hình thực tế thì có thể chấp nhận được sự thật là ~. (④⑤)"

2 ～わけにはいかない

① 親友がお金を貸してほしいと言っている。親友の頼みを断るわけにはいかない。
② 今日は車で来たんです。お酒を飲むわけにはいきません。
③ かぜをひいてしまったが、大事な会議があるから、会社を休むわけにはいかない。

動 辞書形 ＋わけにはいかない

「心理的事情があるので、～することはできない。」能力などが原因でできないのではなくて、～したいが、社会的常識に反する・心理的抵抗感があるなどの事情があってできないという意味で使う。主語はふつう一人称。

"Vì lý do tâm lý nên không thể làm được việc ..."

Dùng trong trường hợp ý nói năng lực, v.v... không phải là nguyên nhân khiến không thể thực hiện mà thực tế rất muốn làm "~", nhưng vì những lí do riêng như trái với lẽ thường của xã hội, có sự phản cảm về tâm lý, v.v... nên không thể làm "~".
Chủ ngữ thường là ngôi thứ nhất.

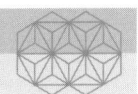

3 〜ないわけにはいかない

①この町では自転車がないとやはり困る。買わないわけにはいかない。
②本当に暑いですけど、何も着ないわけにはいきませんよね。
③このＣＤ、ずっと持っていたいけど、図書館のだから返さないわけにはいかない。

🔖 動 ない形 ＋わけにはいかない

☞ 「心理的事情があるので、〜しなければならない。」 規則などで決まっていて〜しなければならないのではなくて、あまり〜したくないが、社会的常識・心理的義務感があってそうする必要があるという意味で使う。主語はふつう一人称。
"Vì lí do tâm lý nên phải làm ~."
Dùng trong trường hợp ý nói không phải là một quy định hay gì đó quy định nên phải làm "~" mà mặc dù không muốn làm lắm nhưng vì lẽ thường của xã hội, tâm lý nghĩa vụ, v.v… mà cần thiết phải làm như thế.
Chủ ngữ thường là ngôi thứ nhất.

〜わけがない →第１部 ８課-①

〜わけではない・〜というわけではない →第１部 ８課-③

E 「わけ」のいろいろな使い方 — 75

練習1　最も適当なものを選びなさい。

1　確かにすばらしいマンションですね。それで、こんなに（　　）わけですね。
　　a　家賃が安い　　　　　b　家賃が高い　　　　　c　家賃を下げる

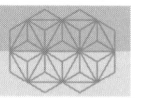

2　時給1,000円で、1日4時間のアルバイトですか。1日働くと4,000円もらえる（　　）わけですね。
　　a　とある　　　　　　b　とする　　　　　　c　という

3　この仕事は（　　）わけではない。経験がある人でなければできない。
　　a　やれる人がいる　　　b　だれでもやれる　　　c　だれもやれない

4　夫「このおもちゃ、どうやって遊ぶの？　よくわからない。」
　　妻「え？　子どもの物だから、そんなに（　　）わけがないんだけど……。」
　　a　簡単な　　　　　b　難しい　　　　　c　使える

5　人形に話を聞かせても（　　）わけがないでしょう。
　　a　わかる　　　　　b　わからない　　　　　c　わかりにくい

6　国で家族が待っているから、正月には国へ（　　）わけにはいかない。
　　a　帰る　　　　　b　帰れる　　　　　c　帰らない

7　荷物が重いけれど、ここに（　　）わけにはいかない。
　　a　置いていく　　　b　置いていける　　　c　置いていかない

8　（　　）から、これは読むわけにはいかない。
　　a　暗くて字が見えない　　b　友だちの日記だ　　c　知らない外国語で書いてある

9　彼女は今、日本にいないのだから、あしたの会に（　　）。
　　a　来るわけがない　　b　来ないわけにはいかない　　c　来るというわけではない

10　こんな難しい問題が3歳の子どもに（　　）。
　　a　できるわけがない　　b　できるわけにはいかない　　c　できないわけがない

練習2　☐から最も適当なものを選びなさい。

　　　a　わけにはいかない　　b　わけではない　　c　わけがない

1　スイッチを入れたんだから、赤いランプがつかない（　　）。変だなあ。
2　自分で実際に見たという（　　）けど、あの寺は本当に立派だよ。

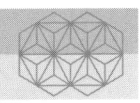

3　すみません。子どもが熱を出してしまったんで、すぐ帰らない（　　　）んです。

4　ゲームはいけないという（　　　）が、子どもはもっと外で遊んだほうがいい。

5　とにかくやってみよう。何もしなければ成功する（　　　）んだから。

ワンポイントレッスン　「〜はずだ」と「〜わけだ」

◎（　　　）の中に「はず」か「わけ」を書きなさい。

1　実験のやり方を変えてみたんです。今度はきっと成功する（　　　）です。期待していてください。

2　実験のやり方を変えてみたんです。だから、こんなにいい結果が出た（　　　）です。

3　A「はさみはどこ？」
　　B「いつもの引き出しの中にある（　　　）だよ。よく探してみて。」

4　彼は「必ず行くよ。」と言っていたのだから、来る（　　　）ですよ。もう少し待ちましょう。

5　山川さんもこの大会の準備係ですか。それで、こんなに早く来た（　　　）ですね。

6　A「今日、川口さんも会に出席するでしょうか。」
　　B「え？　川口さんは今、日本にはいない（　　　）ですよ。おとといアメリカに行ったんです。」

▼

〜はずだ：話者の主観的な推量を言う。確信のある推量。

　　　　Diễn tả suy đoán chủ quan của người nói. Là suy đoán có sự chắc chắn cao.

　　　例・いい薬を使ったから、きっとすぐ治るはずですよ。
　　　　・この商品は人気があるから、十日ぐらいで売り切れるはずだ。

〜わけだ：推量ではなくて、当然であると納得したことを言う。

　　　　Diễn tả điều không phải là suy đoán mà là đã chấp thuận rằng đó là điều đương nhiên.

　　　例・なるほど、この薬を使えば早く治るわけですね。じゃあ使ってみましょう。
　　　　・この薬は1日1袋飲むのですから、十日間で10袋になるわけですね。

E　「わけ」のいろいろな使い方

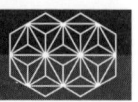

まとめ問題（A〜E）

つぎの文の（　　　）に入れるのに最もよいものを、1・2・3・4から一つえらびなさい。

① 先生にはどの生徒（　　　）同じような態度をとってもらいたい。
1　にとって　　　　　　　　　　2　に向いて
3　に対しても　　　　　　　　　4　についても

② A「引っ越し、終わってよかったね。結局いくらかかったの。」
B「全部で3万5千円だった。計算していた（　　　）だったよ。」
1　よう　　　　　　　　　　　　2　わけ
3　ばかり　　　　　　　　　　　4　とおり

③ わたしは夜9時を過ぎたら何も（　　　）。
1　食べないことにしている　　　2　食べていないことにした
3　食べたくないのにしている　　4　食べていないのにした

④ 疲れているときはパソコンの前で少し眠ってしまう（　　　）。
1　のもある　　　　　　　　　　2　こともある
3　ことにする　　　　　　　　　4　ようにする

⑤ 実際に本人に（　　　）が、リーさんはこの仕事はしたくなかったと思う。
1　聞いたわけではない　　　　　2　聞いたようではない
3　聞くだけではない　　　　　　4　聞くはずではない

⑥ 小さい子どもに暗い道を一人で（　　　）。だれか迎えに行かなくては。
1　歩くわけにはいかない　　　　2　歩かせるわけにはいかない
3　歩かせたらいいだろう　　　　4　歩いたらどうだろう

⑦ 医者にお酒を止められているが、ちょっと（　　　）いいだろう。
1　だけでは　　　　　　　　　　2　だけでも
3　ぐらいなら　　　　　　　　　4　などなら

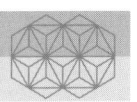

8 A「あれ、おかしいなあ。田中さんのうちは、確かこの近くなのですが…」
　B「変ですね。途中で道を（　　　）ないですか。」
　1　間違えたのでは　　　　　　　2　間違えるはずでは
　3　間違えるようでは　　　　　　4　間違えたことでは

9 学生　　　　　　「もうすぐ入学試験なんですよ。」
　となりの家の人「ああ、それで毎日遅くまで勉強を（　　　）ね。」
　1　しているわけです　　　　　　2　していることです
　3　しないわけではないんです　　4　しないことではないんです

10 「乞うご期待」（　　　）、「期待していてください」という意味です。
　1　というのは　　　　　　　　　2　というものは
　3　ということでは　　　　　　　4　というのでは

11 意味が正しく（　　　）、正しい言葉を使いましょう。
　1　伝えるために　　　　　　　　2　伝わるように
　3　伝わることで　　　　　　　　4　伝えることで

12 一度会った（　　　）どんな人物かわからない。
　1　ほどなら　　　　　　　　　　2　ことでも
　3　だけでも　　　　　　　　　　4　だけでは

13 外国に行くときは、その国のお金（　　　）知っておいたほうがいい。
　1　についてさえ　　　　　　　　2　に対してさえ
　3　についてぐらい　　　　　　　4　に対してぐらい

F 「ばかり」のいろいろな使い方

1 〜ばかり…

① 弟は毎日あきずにカップラーメンばかり食べている。
② 寮では同じ国の人とばかり話さないで、いろいろな国の人と会話したほうがいい。
③ ありがとうございます。いつもいただくばかりで、お返しもできなくてすみません。
④ 子どもはただ泣いているばかりで、何があったのかわからなかった。
⑤ この写真の女の子は今どうしているのでしょう。彼女の幸せを祈るばかりです。

🔖 名（＋助詞）・動 辞書形／ている　＋ばかり

👉 「いつも〜だけで、ほかのもの・ことはない。」 よくないと思っていることを言う場合が多い。
"Lúc nào cũng chỉ ~, ngoài ra không có sự vật, sự việc nào khác."
Thường được dùng để nói về những điều bản thân cho là không tốt.

2 〜てばかりいる

① 祖父は最近怒ってばかりいる。
② 二十歳のころは遊んでばかりいた。勉強しなかったことを今は残念に思っている。
③ ただ見てばかりいないで、少しは手伝ってくださいよ。

🔖 動 て形　＋ばかりいる

👉 「ほかのことはしないで、よく〜する。」 非難の気持ちで言う。
"Không làm những việc khác mà hay làm việc ~."
Thường được sử dụng với sắc thái chê bai.

3 〜ばかりでなく…

① 日本人ばかりでなく、世界中の人がエネルギー問題に関心を持っている。
② この番組は、面白いばかりでなく、さまざまなことが学べる。
③ 彼は町を案内してくれたばかりでなく、この地方の料理もごちそうしてくれた。

🔖 名（＋助詞）・普通形（ナ形だ -な／-である・名だ -である）　＋ばかりでなく

👉 「〜だけでなくて、そのほかにも…。」
"Không chỉ ~ mà ngoài điều đó ra còn ..."

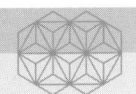

4 〜ばかりだ

A ①一度けんかしてから、彼女とは関係が悪くなるばかりだ。
　②外国語はいつも使っていなければ忘れていくばかりだ。
　③最近、祖母は気が弱くなるばかりで心配です。

- 動 辞書形　＋ばかりだ
- 「〜という一方方向に変化が進んでいく。」〜は変化を表す動詞(弱くなる・減るなど)。よくない方向の場合が多い。
  "Sự biến đổi diễn ra theo một chiều hướng ~."
  "~" là động từ thể hiện sự thay đổi (よわくなる/へる/v.v.), đa phần theo chiều hướng không tốt.

B ①旅行の準備はできました。もう出発するばかりです。
　②食事の準備が終わって、もう食べるばかりになっている。
　③パーティーの招待状ができ上がって、後は招待客に送るばかりというときになって、ミスが見つかった。

- 動 辞書形　＋ばかりだ
- 「準備が終わって、後はただ〜するだけの状態だ。」
  "Công đoạn chuẩn bị đã hoàn tất, việc còn lại bây giờ chỉ là ~."

5 〜たばかりだ

①さっきご飯を食べたばかりなのに、もうおなかがすいてしまった。
②先月結婚したばかりなので、まだ新しい生活に慣れていない。
③買ったばかりのおもちゃがもうこわれてしまった。

- 動 た形　＋ばかりだ
- 「〜したすぐ後だ。」
  "Ngay sau khi làm ~."

F 「ばかり」のいろいろな使い方

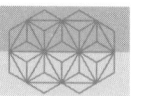

練習1 （　）の中の言葉を適当な形に変えて、＿＿＿の上に書きなさい。

1　どうしたの。さっきから時計を＿＿＿＿＿ばかりいるね。　　　　　　　　　（見る）
2　試合は＿＿＿＿＿ばかりですから、これからどうなるかわかりません。　　　（始まる）
3　この辺りは交通が＿＿＿＿＿ばかりでなく、環境もいい。　　　　　　　　　（便利だ）
4　最近頭痛が＿＿＿＿＿ばかりなので、医者に相談することにした。　　　　（ひどくなる）
5　雨が＿＿＿＿＿ばかりでなく、風も強くなった。　　　　　　　　　　　　（降り始める）
6　書類はもう書き終わった。後ははんこを＿＿＿＿＿ばかりだ。　　　　　　　　（押す）
7　ボランティアには初めて参加したので、ただ＿＿＿＿＿ばかりだった。　　　（見ている）
8　＿＿＿＿＿ばかりのころは怖い人だと思ったが、意外に面白い人だった。　　　　（会う）
9　先生の話を＿＿＿＿＿ばかりでなく、どんどん質問してください。　　　　　　　（聞く）
10　先のことを＿＿＿＿＿ばかりいないで、行動してみたらどうですか。　　　　　（悩む）

練習2 最も適当なものを選びなさい。

1　わたしはあの有名な歌手に（　　　）、握手もした。
　　a 会うばかりで　　　　b 会ったばかりでなく　　　c 会ってばかりいないで
2　この店はきのう（　　　）、まだお客さんが少ない。
　　a 開店ばかりして　　　b 開店するばかりで　　　　c 開店したばかりで
3　あのお母さんは携帯電話を（　　　）、子どもと話もしない。
　　a 見たばかりで　　　　b 見たばかりでなく　　　　c 見てばかりいて
4　出席者もそろったので、あとはパーティーが始まるのを（　　　）。
　　a 待つばかりだ　　　　b 待ってばかりいる　　　　c 待ったばかりだ
5　子どもが生まれる日が近づいたが、夫のぼくは何もできない。ただ（　　　）。
　　a 見守るばかりだ　　　b 見守ったばかりだ　　　　c 見守ってばかりいる
6　（　　　）が、もう忘れてしまった。
　　a 名前ばかり聞いた　　b 名前を聞くばかりだ　　　c 名前を聞いたばかりだ
7　最近彼は疲れているらしく、休日は（　　　）、何もしない。
　　a 寝るばかりで　　　　b 寝たばかりで　　　　　　c 寝るばかりでなく
8　たばこをやめてから、（　　　）。
　　a 体重ばかり増える　　b 体重が増えるばかりだ　　c 体重が増えたばかりだ

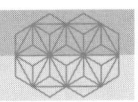

ワンポイントレッスン 「〜たばかり」と「〜たところ」

◎（　　）の中に「ばかり」か「ところ」を書きなさい。

1　うちには生まれた（　　　　　）の子犬が3匹います。
2　会議が始まった（　　　　　）に高橋さんが入ってきた。
3　もしもし、今新幹線に乗った（　　　　　）です。そちらに8時に着くと思います。
4　このパソコンはまだ買った（　　　　　）なのに、調子が悪い。
5　彼は1か月前に日本に来た（　　　　　）だそうです。でも、日本語が上手ですね。
6　好きな曲を聞き終わった（　　　　　）で、ちょうど昼休みが終わった。
7　この4月に入社した（　　　　　）なので、まだ会社の人間関係がよくわからない。

▼

〜たばかり：直後の状態だと感じているときに使う。実際に直後でなくても使える。後に「の」をつけて、「〜たばかりの」の形で使うこともできるが、「に・へ・を」をつけて使うことはできない。

Dùng khi có cảm giác rằng đó là trạng thái ngay sau khi sự việc xảy ra. Trên thực tế không phải ngay sau khi sự việc xảy ra cũng có thể dùng được. Phía sau có thể thêm "の" để trở thành "〜たばかりの", nhưng các trợ từ "に/ヘ/を" thì không được áp dụng.

例・でき上がったばかりのケーキをみんなで食べた。

〜たところ：直後の場面だと言いたいときに使う。実際に直後でなければ使えない。後に「に・へ・を」をつけて使うこともできるが、「の」をつけて「〜たところの」の形で使うことはできない。

Dùng khi muốn nói rằng đó là tình huống ngay sau khi sự việc xảy ra. Trên thực tế không phải ngay sau khi sự việc xảy ra cũng có thể dùng được. Đi sau nó có thể dùng các từ "に/ヘ/を" nhưng không thể đi cùng với "の" để trở thành "〜たところの" được.

例・もしもし、今、駅に着いたところです。
　・ケーキができ上がったところへ子どもたちが帰ってきた。

F 「ばかり」のいろいろな使い方

G 「する・なる」の整理

「する」と「なる」の使い分けの基本

する：人の意志的な行為に注目	なる：物事の変化・結果に注目
Tập trung vào hành vi có ý chí của con người	Tập trung vào sự thay đổi của sự vật, sự việc và kết quả
わたしは部屋をきれいに**した**。	部屋はきれいに**なった**。

する	なる
～にする・～くする ⇒状態を変える Làm thay đổi trạng thái わたしは大きいケーキを半分**にした**。 小魚を食べて、骨を丈夫**にしたい**。 電気を消して、部屋を暗**くしてください**。	**～になる・～くなる** ⇒状態が変わる Trạng thái bị thay đổi 大きいケーキが半分**になった**。 小魚をよく食べたので、骨が丈夫**になった**。 電気を消したので、部屋が暗**くなった**。 最近、この川では魚があまり釣れな**くなった**。
～にする・～ことにする ⇒決める　　　　　→第1部 11課-1 Quyết định 旅行の出発日は8月30日**にしよう**。 連休にハワイに行く**ことにした**。 もうたばこは吸わない**ことにした**。	**～になる・～ことになる** ⇒決まる Được quy định 旅行の出発日は8月30日**になった**。 来月、出張する**ことになった**。 今年は社員旅行は行わない**ことになった**。

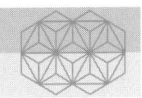

～にしている・～ことにしている
⇒ 決めたことを続けている
→第1部 11課-①

Duy trì điều mình đã quyết định

昼食はいつもパン**にしています**。
寝る前に必ず日記を書く**ことにしている**。
レジ袋はもらわない**ことにしている**。

～になっている・～ことになっている
⇒ 決まったことが続いている（決まり・予定）

Sự duy trì những gì đã được quy định

毎年、花見の会場は桜公園**になっています**。
この会社では制服を着る**ことになっている**。
学生は車で通学できない**ことになっている**。
明日、社長は9時の便で中国に行く**ことになっている**。

～ようにする　A
⇒ ある目的のために変化を起こす

Tạo ra một thay đổi nào đó nhằm mục đích nhất định

机の位置を変えて、仕事中でも外の景色が見える**ようにしよう**。
ドアに穴を空けて、ねこが通れる**ようにした**。
大事な物はいつも棚の上に置いて、子どもに触られない**ようにしている**。

～ようになる
⇒ 変化が起きる

Xảy ra sự biến đổi

机の位置を変えたので、仕事中でも外の景色が見える**ようになった**。
親が楽しそうに家事をしていれば、子どもも進んで手伝う**ようになる**。

～ようになっている
⇒ ある目的のためにそう作られている

Điều gì đó được thực hiện như vậy nhằm mục đích nhất định

この家は屋根にも窓があって、太陽の光が上からも入る**ようになっている**。
トイレに入ると、電気が自動でつく**ようになっている**。
この学校の音楽室は、楽器の音が外の人には聞こえない**ようになっています**。

～ようにする　B
～ようにしている
⇒ 習慣的に心がける
→第1部 11課-②

Cố gắng tạo thói quen

暑い日には十分水分を取る**ようにしましょう**。
雪の日は車を運転しない**ようにしている**。
メールにはすぐ返信する**ようにしている**。

G　「する・なる」の整理 ― 85

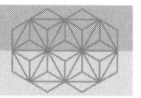

練習1 どちらか適当な方を選びなさい。

1　スープの味が濃かったから、お湯を入れて薄く（a　した　　b　なった）。
2　りんご（a　を赤くしたら　　b　が赤くなったら）、木から取って食べてもいいよ。
3　テレビで紹介されたので、この町の祭りは（a　有名にした　　b　有名になった）。
4　【美容院で】今日は10センチぐらい（a　短くして　　b　短くなって）ください。
5　A「お子さんのかぜ、いかがですか。」
　　B「はい、だいぶよく（a　しました　　b　なりました）。」
6　図書館では古い本は捨てられることに（a　した　　b　なった）。
7　わたしはあした退院できることに（a　しました　　b　なりました）。
8　体重を減らしたいから、ご飯は毎食茶わん1杯だけに（a　しよう　　b　なろう）。
9　今度の冬のオリンピックはどこに（a　しましたか　　b　なりましたか）。
10　わたしは大事なことは何でもメモすることに（a　している　　b　なっている）。
11　この公園では花火をしてはいけないことに（a　している　　b　なっている）そうだ。
12　子どもは何歳で歩けるように（a　するんですか　　b　なるんですか）。
13　食べ物はよくかんで食べるように（a　しましょう　　b　なりましょう）。
14　ねこの目は、入ってくる光の量を調節できるように（a　している　　b　なっている）。
15　先生「大切な書類だから、書き間違えないように（a　すること　　b　なること）。」

練習2 どちらか適当な方を選びなさい。

A「リンさん、こんにちは。あれ、どうして部屋を片付けているんですか。」
B「引っ越しする（①a　ことに　　b　ように）したんです。来月から弟といっしょに住む（②a　ことに　　b　ように）なったので……。二人で住むのには、ここはちょっと狭いんですよ。今度の所は会社からだいぶ遠くなりますけど。」
A「じゃ、寝坊しない（③a　ことに　　b　ように）しなければね。」
B「ええ。駅からも遠いので、自転車を買う（④a　ことに　　b　ように）しました。」
A「引っ越しはいつなんですか。」
B「急なんですが、あしたの朝9時に引っ越しのトラックが来る（⑤a　ことに　　b　ように）なったんです。」
A「それは大変ですね。手伝いましょうか。」

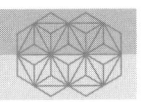

B「いえ、大丈夫です。今から弟と弟の友だちが手伝いに来る(⑥a ことに　b ように)なっていますから。いろいろお世話になりました。」

ワンポイントレッスン　「〜ようにしている」と「〜ようになっている」

◎どちらか適当な方を選びなさい。

1　わたしはなるべく肉よりも(a 魚を食べる　b 魚が食べられる)ようにしている。

2　うちの台所は、長い時間ガスを使うと(a 火を消す　b 火が消える)ようになっている。

3　ホテルでは、お風呂に入っていても(a 電話をかける　b 電話がかけられる)ようになっている。

4　このおもちゃは面白い。手をたたくと(a 人形を動かす　b 人形が動く)ようになっている。

5　健康のためになるべく(a 体を動かす　b 体が動く)ようにしてください。

6　このドアは内側からは外が見えるが、外からは(a 中を見ない　b 中が見えない)ようになっている。

7　新聞のテレビ番組表を見るとテレビが見たくなるので、試験前は(a 見ない　b 見えない)ようにしているんです。

・・・・・・・・・・・・・・・▼・・・・・・・・・・・・・・・

〜ようにしている：　主語はふつう「話者」。〜には意志動詞を使う。

Chủ ngữ thường là "người nói". "〜" sử dụng động từ có ý chí.

例　わたしはいつも折りたたみのかさを持ち歩くようにしています。

〜ようになっている：　主語はふつう、人間ではない。〜には意志を含まない動詞(可能を表す動詞や三人称が主語の動詞など)を使う。

Chủ ngữ thường không phải là con người. "〜" sử dụng động từ không có ý chí (động từ thể hiện khả năng hay động từ với chủ ngữ là ngôi thứ 3, v.v.).

例　このいすは軽くて小さく折りたためるので、楽に持ち運べるようになっています。

G　「する・なる」の整理

H 「たら・ば・と・なら」の特別な使い方

「たら・ば・と・なら」には、「もし…」という仮定条件の意味以外にもいろいろな使い方があります。
"たら, ば, と, なら" ngoài ý nghĩa điều kiện giả định như là "もし…", còn có nhiều cách sử dụng khác nhau.

1　～と…た・～たら…た

A ① プレゼントを開けると、人形が入っていた。
　 ② 玄関を出ると、そこに大男が数人いた。
　 ③ 窓の外を見たら、真っ白な雪景色だった。

　　動 辞書形　＋と

　　動 たら

👉 「～の動作をすることで、…という事実に気がついた。」　…は前から続いている状態を表す文で、少し意外感がある内容。「…ていた」の形がよく使われる。～と…の主語は違う。

"Nhờ việc thực hiện hành động ~ mà nhận ra sự thật là ..."
"..." là câu văn thể hiện trạng thái có sẵn từ trước, và mang nội dung hơi bất ngờ.
Dạng "…ていた" thường hay được sử dụng.
Chủ ngữ của "~" và "..." khác nhau.

B ① 夜12時ごろテレビを見ていると、アメリカの友だちから電話がかかってきた。
　 ② コーヒーショップでマキさんのうわさをしていると、偶然マキさんが入ってきた。
　 ③ 庭の掃除をしていたら、突然大雨が降り出した。

　　動 ている　＋と

　　動 ていたら

👉 「～の動作をしているときに、偶然…が起こった。」　～は「～ていると・～ていたら」の形が多い。
…は動詞の文で、話者の意志を含まない、意外感がある内容。

"Lúc đang ~ thì ngẫu nhiên ... xảy ra."
"~" đa phần ở dạng "～ていると/～ていたら".
"..." là mệnh đề chứa động từ, không bao hàm ý chí của người nói, và mang nội dung bất ngờ.

C ① 久しぶりに高校の先生に手紙を出すと、すぐに返事が来た。
　 ② 箱を開けると、おもちゃが飛び出した。
　 ③ 料理にちょっとお酒を入れてみたら、いい味になった。

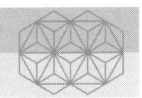

🔗 動辞書形 ＋と

　動たら

👉「～の動作がきっかけになって、…が起こった。」　…は動詞の文で、話者の意志を含まない文。

"Hành động của ~ trở thành cái cớ cho ... xảy ra."
"..." là mệnh đề chứa động từ, không bao hàm ý chí của người nói.

2　～と…た

①その男はわたしの顔を見ると、すぐに逃げていってしまった。
②先生は教室に入ってくると、すぐ試験問題を配り始めた。
③ゆき子は飛行機から降りると、どこかに電話をかけた。

🔗 動辞書形 ＋と

👉「～の動作の後、続けてすぐ…した。」　～と…の主語は同じ。

"Sau hành động ~ thì đã tiếp tục thực hiện ...ngay."
Chủ ngữ của "~" và "..." là giống nhau.

3　～も…ば～も…・～も…なら～も…

①人生には楽しい時もあればつらい時もある。
②妻はお酒もよく飲めば甘い物もたくさん食べる。
③そんな人、会ったこともなければ名前を聞いたこともありません。
④松本さんは趣味が多い。スポーツも好きならピアノも弾くらしい。
⑤前回も雨なら今回も雨か……。ぼくたちの旅行はいつも運が悪いね。

🔗 名＋も ＋ ｛動ば形 ／ イ形い-ければ ／ ナ形なら ／ 名なら｝ ＋ 名＋も

👉「～も…し、～も…・～も～も両方…。」「も」を2回使う。

"Cả hai ~ và ..."
"も" được sử dụng 2 lần.

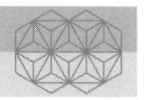

練習1 どちらか適当な方を選びなさい。

1 3時に駅で待ち合わせした。駅に着くと、彼女はもう（a 来た　b 来ていた）。
2 引き出しを開けると、手紙が（a あった　b 入った）。
3 テレビをつけたら、昔見た映画を（a 見た　b やっていた）。
4 おもちゃを振ってみると、いい音が（a した　b していた）。
5 少しお酒を飲むと、（a 踊りたくなった　b 踊りたかった）。
6 山道を歩いていたら、（a へびが出てきた　b へびを捕まえた）。
7 図書館に行ったら、（a 今日は休みだった　b たくさん本を借りた）。
8 時計を見ると、もう12時を（a 過ぎた　b 過ぎていた）。
9 公園のベンチで休んでいると、おじいさんが（a 近づいてきた　b いた）。
10 チャイムが鳴ったので玄関の外に出ると、宅配便の人が（a 来た　b いた）。

練習2 最も適当なものを選びなさい。

1 目が痛いので、鏡で（　　　）、赤かった。
　　a 見てみると　　　b 見ていると　　　c 見ていたら
2 店で友だちを（　　　）、携帯電話に「今日は行けない」という連絡が来た。
　　a 待つと　　　b 待っていると　　　c 待てば
3 部長はわたしたちの話を（　　　）、大きくうなずいた。
　　a 聞くと　　　b 聞いていたら　　　c 聞いていると
4 その女性は店に（　　　）、窓の近くの席に座った。
　　a 入っていたら　　　b 入れば　　　c 入ると
5 弟は朝（　　　）、顔も洗わないでどこかに出かけていった。
　　a 起きたら　　　b 起きれば　　　c 起きると
6 変な音がしたので、窓を（　　　）外を見た。
　　a 開けたら　　　b 開ければ　　　c 開けて
7 家に（　　　）、友だちがドアの前で待っていた。
　　a 帰ると　　　b 帰るなら　　　c 帰って
8 今は（　　　）お金もない。旅行は無理だ。
　　a 忙しければ　　　b ひまもなければ　　　c 時間もあれば

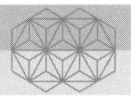

ワンポイントレッスン 仮定を表す「～たら…・～ば…・～と…」の注意

◎どちらか適当な方を選びなさい。(両方いい場合もあります。)

1 車を（a 貸してもらえると　b 貸してもらえれば）、ドライブに行きたい。
2 早く仕事が終わったら、（a 飲みに行けるね　b 飲みに行きませんか）。
3 早く予約すれば、（a いい席を取る　b いい席が取れる）。
4 部屋が暑ければ、（a 窓を開けてください　b 窓を開けますよ）。
5 時間が（a なければ　b なかったら）、買い物はあきらめるつもりだ。
6 マフラーを（a 作れば　b 作ったら）、彼にあげようと思う。
7 店の（a 電話番号を調べれば　b 電話番号がわかれば）、電話してみます。

▼

* ～が動きを表す動詞の場合

Trường hợp "～" là động từ thể hiện sự chuyển động:

「～たら…」の…はどんな文でもいいが、「～ば…・～と…」の…には話者の意向を表す文や働きかけの文は来ない。

"..." của "～たら…" là câu văn ở dạng nào cũng được. Còn "..." của "～ば…/～と…" thì không thể là câu thể hiện ý định của người nói hay câu kêu gọi thực hiện hành động.

× 大雪が降ると家にいよう。　　× 大雪が降れば家にいなさい。
○ 大雪が降ると／降れば出かけられない。

* ～が形容詞や状態を表す動詞（ある・いる・できるなど）の場合

Trường hợp "～" là tính từ hay động từ thể hiện trạng thái (ví dụ: ある/いる/できる/v.v.)

「～たら…・～ば…」の…はどんな文でもいいが、「～と…」の…には話者の意向を表す文や働きかけの文は来ない。

"..." của "～たら…/～ば…" là câu văn ở dạng nào cũng được. Còn "..." của "～と…" thì không thể là câu thể hiện ý định của người nói hay câu kêu gọi thực hiện hành động.

× お金があると車を買うつもりだ。
○ お金があれば車を買いたい。　　○ お金がある／あれば車が買える。

I 後に決まった表現が来る副詞

副詞には、後に決まった表現をいっしょに使うものがあります。
Một số phó từ được sử dụng cùng với các cách nói cố định.

副詞	いっしょに使う表現	例文
全く 少しも そんなに そう たいして 決して めったに	～ない	母は英語が**全く**わから**ない**。 この町は10年前と**少しも**変わってい**ない**。 この問題は**そんなに**難しく**ない**です。 病気のことは**そう**心配する必要は**ない**。 そのニュースは**たいして**重要では**なかった**。 このことは**決して**人には言わ**ない**でください。 わたしは**めったに**外で食事し**ない**。
すでに	～た ～ている ～てある	この問題は**すでに**解決し**た**。 **すでに**食事の準備はでき**ている**。 ホテルは**すでに**予約し**てある**。
少しずつ 次第に ますます	変化を表す動詞 （～くなる・増える・やせるなど）	庭に植えた木が**少しずつ**大きく**なってきた**。 秋になると、木の葉が**次第に**色づく。 世界の人口は**ますます**増えている。
そのうち 今に	動きを表す動詞（ふつう、過去形は使わない。）	練習すれば、**そのうち**できるようになるだろう。 **今に**電気自動車がふつうになる時代が来る。
もしかしたら もしかすると	～かもしれない ～のではないか ～のではないだろうか	**もしかしたら**今晩は雪になる**かもしれない**。 **もしかすると**山田さんはうそをついている**のではないか**。
おそらく	～だろう ～と思う ～のではないか ～のではないだろうか	この仕事は**おそらく**今日中にできない**だろう**。 これは**おそらく**1000年ぐらい前の皿だ**と思う**。 **おそらく**日本人のほとんどがこの歌を知っている**のではないだろうか**。
どうも	～ようだ ～らしい	**どうも**計算が間違っている**ようだ**。 山口さんは**どうも**お酒が好きではない**らしい**。
今にも	～そうだ	空が暗くなって、**今にも**雨が降り出し**そうだ**。

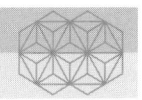

まるで ちょうど	～ようだ ～みたいだ	この人形はまるで生きているようだ。 二つの点がちょうど目みたいに見える。
ぜひ なんとかして	～てください ～たい ～てほしい	ぜひ今度わたしの国に遊びに来てください。 ぜひ先生のお話をお聞きしたいです。 今度の実験はなんとかして成功させたい。 なんとかしてこの人を捜してほしい。
どうか	～てください ～てほしい	どうかわたしの失敗を許してください。 いい方法があるなら、どうか教えてほしい。
もしも 万一 万が一	～ば ～たら ～なら ～場合は ～ても／～でも	もしも熱が下がらなければ、この薬を飲む。 もしも選べるなら、男に生まれたかった。 万一問題がある場合は、相談してください。 万一お金が足りなくても、カードで払える。 万が一大雨でも、試合は行います。
どんなに いくら たとえ →第1部 6課-4	～ても／～でも	どんなに好きな物でも、毎日食べればあきる。 いくらがんばっても、これ以上速く走れない。 この時計は、たとえ水中に落としても大丈夫だ。
せっかく	～のに ～ても／～でも ～のだから	せっかく宿題をやったのに、家に忘れてきた。 せっかく料理を作っても、食べてもらえない。 せっかく温泉に来たのだから、のんびりしたい。
ただ	～だけ	わたしの願いはただ一つだけだ。

I 後に決まった表現が来る副詞

練習1　最も適当なものを選びなさい。

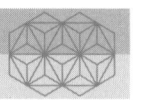

1　(　　　)外国で病気になった場合は、どうすればいいでしょうか。
　　a 万一　　　　　　　　b ちょうど　　　　　　c どうか

2　今日の会議は(　　　)長くかかるだろう。
　　a そう　　　　　　　　b ぜひ　　　　　　　　c おそらく

3　今日は(　　　)寒くないので、上着は要らないと思う。
　　a ただ　　　　　　　　b たいして　　　　　　c なんとかして

4　富士山の山頂から見る日の出は、とても美しいそうだ。(　　　)見てみたい。
　　a ぜひ　　　　　　　　b 決して　　　　　　　c どんなに

5　あの人は(　　　)王様のように人に命令するから困る。
　　a たとえ　　　　　　　b たいして　　　　　　c まるで

6　救急車の音は、(　　　)小さくなっていった。
　　a 次第に　　　　　　　b おそらく　　　　　　c せっかく

7　(　　　)彼は約束の場所を間違えたのかもしれない。
　　a 万一　　　　　　　　b もしも　　　　　　　c もしかしたら

8　(　　　)笑わなくてもいいじゃありませんか。
　　a いくら　　　　　　　b そんなに　　　　　　c どんなに

9　わたしは彼の不正を(　　　)許さない。
　　a ぜひ　　　　　　　　b 決して　　　　　　　c なんとかして

10　今日は(　　　)品物を見ていただけで、何も買わなかった。
　　a ただ　　　　　　　　b いくら　　　　　　　c せっかく

11　あの人はいつもまじめな顔をして、(　　　)笑わない。
　　a ますます　　　　　　b そのうち　　　　　　c めったに

12　わたしはその事件とは(　　　)関係がない。
　　a 全く　　　　　　　　b 万一　　　　　　　　c ちょうど

13　(　　　)怒らないでわたしの話を聞いてください。
　　a どうか　　　　　　　b どうも　　　　　　　c どんなに

14　駅に着いたときには、電車は(　　　)出ていた。
　　a 今に　　　　　　　　b すでに　　　　　　　c まるで

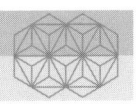

練習2 最も適当なものを選びなさい。

1 財布が見つからない。もしかするとどこかで（　　　）。
　a 落としただろう　　　b 落としたと思う　　　c 落としたかもしれない

2 今日の午後は次第に気温が（　　　）でしょう。
　a 上がる　　　　　　　b 高い　　　　　　　　c 変わらない

3 転んだ子どもは今にも（　　　）顔をしていた。
　a 泣いた　　　　　　　b 泣きそうな　　　　　c 泣くような

4 この展覧会に来た人はすでに1万人を（　　　）。
　a 超えた　　　　　　　b 超えるだろう　　　　c 超えていない

5 もしも入院することに（　　　）、仕事を休まなければならない。
　a なって　　　　　　　b なったら　　　　　　c なったから

6 せっかくカメラを（　　　）、みんなで写真を撮ろう。
　a 持ってきて　　　　　b 持ってきたら　　　　c 持ってきたのだから

7 A「この映画どうだった？　面白かった？」
　B「たいして（　　　）。」
　a 面白かったよ　　　　b 面白くなかったよ　　c つまらなかったよ

8 今日中になんとかしてこの仕事を（　　　）。がんばろう。
　a 終わらせたい　　　　b 終わらせられない　　c 終わらせるだろう

9 たとえ（　　　）会社には行かなければならない。
　a 大雪でも　　　　　　b 大雪では　　　　　　c 大雪なのに

10 まだ試合の途中なのに、まるでもう（　　　）みんな大喜びしている。
　a 勝ったので　　　　　b 勝ったように　　　　c 勝ったらしく

11 この資料はそんなに（　　　）。
　a 役に立つかもしれない　b 役に立つはずだ　　　c 役に立たないだろう

12 日本語の勉強を始めてから、少しずつ（　　　）。
　a 話せる　　　　　　　b 上手になってきた　　c わからない

13 国に帰ってもどうか（　　　）。
　a 忘れないでください　b 手紙を書きたいです　c 遊びに来ませんか

J 動詞や名詞の意味を広げる文法形式

動詞や名詞に別の言葉をつけると、その動詞や名詞の意味を広げることができます。
Nếu ghép các từ khác với động từ và danh từ, có thể mở rộng ý nghĩa của động từ và danh từ đó.

A ある動作のどの段階かを表す　Thể hiện giai đoạn của hành động:

文法形式	意味	例文
～かける ～かけだ	全部～し終わっていない Chưa làm ~ xong toàn bộ	彼女は何か言い**かけて**、黙ってしまった。 母は読み**かけ**の本をおいて、買い物に出かけた。 動ます　＋かける・かけだ
～きる	全部／完全に～する Làm ~ xong toàn bộ/triệt để	40キロの長い距離を走り**きった**。 こんなにたくさん、一人では食べ**きれない**。 動ます　＋きる
～通す	最後まで～し続ける Làm ~ đến cùng	自分で決めたことは最後までやり**通そう**。 彼は何を聞かれても黙り**通した**。 動ます　＋通す
～出す	（突然・急に）～し始める Bắt đầu ~ (một cách đột ngột/gấp)	彼はわたしの顔を見ると、突然笑い**出した**。 電池を入れ替えたら、おもちゃの車が急に動き**出した**。 動ます　＋出す

B 特徴・状態・様子を表す

Thể hiện đặc trưng, trạng thái, tình hình:

文法形式	意味	例文
～やすい	簡単に～できる 簡単に～してしまう Có thể thực hiện ~ một cách đơn giản Dễ dàng làm ~	田中先生の話はわかり**やすい**。 薄くて破れ**やすい**紙だから気をつけて。 動ます　＋やすい
～にくい	簡単に～できない 簡単には～しない Không thể làm ~ được một cách đơn giản Không dễ dàng làm ~	この肉は硬くて食べ**にくい**。 丈夫で割れ**にくい**カップはありませんか。 動ます　＋にくい

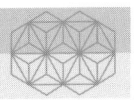

～づらい	～するのが難しくて困る Làm việc ~ là khó khăn, vất vả	個人的なことなので職場の人には頼み**づらい**。 ここは黒板の字が見**づらい**位置です。 🔗 動ます ＋づらい
～すぎる ～すぎだ	適切な程度を超えて ～だ・～する Một trạng thái ~ hay làm một việc ~ gì đó vượt quá mức độ phù hợp	この靴はわたしには小さ**すぎる**。 おいしかったので、食べ**すぎて**しまった。 君、それは言い**すぎだ**よ。 🔗 動ます・イ形い・ナ形 ＋すぎる・すぎだ
～がちだ	～の状態になる傾向がある Có khuynh hướng trở thành trạng thái ~	雨のため工事は遅れ**がちだ**。 遠慮**がちに**由香さんに年齢を聞いてみた。 🔗 名・動ます ＋がちだ
～らしい	～のイメージと同じだ Giống với những hình dung về ~	今日は暖かくて春**らしい**一日だった。 いつもの元気なリーさん**らしく**ないですね。 🔗 名 ＋らしい
～っぽい	～のような要素・性質がある Có đặc điểm, tính cách giống như ~	彼女はわがままばかり言って、子ども**っぽい**人だ。 弟はあき**っぽくて**、何でも途中でやめてしまう。 🔗 名・動ます ＋っぽい
～のようだ ～みたいだ	～によく似ている Rất giống với ~ →第1部 D-①	ここから見える景色は絵**のようだ**。 このパンはケーキ**みたいに**甘くて軟かい。 ガラス**みたいな**氷を靴で踏んで遊んだ。 🔗 名 ＋のようだ・みたいだ 🔗 名 ＋のような・みたいな＋名
～だらけだ	～（いやなもの）がたくさんある Có nhiều ~ (những thứ không ưa)	返ってきたテストは間違い**だらけだった**。 毎日サッカーをしていたら、傷**だらけ**になった。 🔗 名 ＋だらけだ

J 動詞や名詞の意味を広げる文法形式

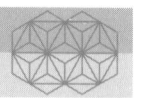

練習1 最も適当なものを選びなさい。

1 (　　　)ことでも、時にははっきり言わなければならないだろう。
　a 言いやすい　　　b 言いづらい　　　c 言いすぎる

2 この料理はちょっと(　　　)、あまりおいしくない。
　a 水らしくて　　　b 水がちで　　　c 水っぽくて

3 パソコンを(　　　)のは、目に悪いですよ。
　a 使いかける　　　b 使い出す　　　c 使いすぎる

4 この試合では実力を(　　　)ほしい。みんながんばれ。
　a 出しすぎて　　　b 出しきって　　　c 出しかけて

5 祖父は年を取って、最近(　　　)なった。今日もかぎの場所を忘れた。
　a 忘れかけに　　　b 忘れにくく　　　c 忘れっぽく

6 庭に植えた木が大きく(　　　)しまったので、少し切ることにした。
　a なりすぎて　　　b なりやすくなって　　　c なり通して

7 時間が短かったので、作文を最後まで(　　　)。
　a 書き出せなかった　　　b 書ききれなかった　　　c 書きかけられなかった

8 信号が青に変わって、車が(　　　)。
　a 走り出した　　　b 走り通した　　　c 走りきった

9 うそを一生(　　　)ことはできない。
　a 隠しかける　　　b 隠しすぎる　　　c 隠し通す

10 少し(　　　)きた数学が、授業を休んだせいでまたわからなくなった。
　a わかりかけて　　　b わかりきって　　　c わかり通して

練習2 ☐から最も適当な言葉を選んで、必要なら形を変えて、(　　　)に書きなさい。

| やすい　にくい　すぎだ　みたいだ　らしい　だらけだ　かけだ |

1 雪道はすべり(　　　)から、気をつけて。
2 社長なら社長(　　　)行動してほしいです。今は大切な時期なんですから。
3 この仕事がまだやり(　　　)ので、終わったらそちらの仕事を手伝います。

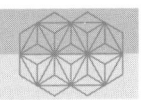

4 このひもはすぐ切れてしまいます。もっと切れ（　　　　）のはありませんか。
5 この部屋は長い間掃除をしていないので、ごみ（　　　　）。
6 犬が飼い主を助けるというドラマ（　　　　）ことが実際に起こった。
7 京都に行ったら、記念に何か京都（　　　　）物を買いたいと思う。
8 今の時期は食べ物が腐り（　　　　）ので注意しましょう。
9 飲み（　　　　）ですよ。今日はもうやめたらどうですか。
10 この飲み（　　　　）かんジュースはだれのだろう。

ワンポイントレッスン　「〜らしい」と「〜のようだ・〜みたいだ」

◎どちらが適当な方を選びなさい。

1 もう大人なんだから、そんな子ども（a らしい　　b みたいな）しゃべり方はやめろ。
2 子どもにはやはり子ども（a らしい　　b みたいな）服が似合いますよね。
3 6月に入ってからまだ雨（a らしい　　b みたいな）雨は降っていない。
4 あれ、雪（a らしい　　b みたいな）雨が降ってきたよ。
5 まだ5月なのに、今日は夏（a らしい　　b のような）日でしたね。
6 へえ、これが交番か。絵本に出てくるかわいい家（a らしい　　b のようだ）ね。
7 箱根は昔からの観光地だから、観光地（a らしい　　b のような）お土産屋が多い。

▼

〜らしい：　実際に〜だ。〜のイメージと同じだ。
　　　　　　Thực tế là "〜". Giống với những hình dung về "〜".

　　　　例・今日は春らしい天気だった。（今は本当に春だ。）
　　　　　・町はお祭りらしいにぎやかさだった。（実際にお祭りだ。）

〜のようだ：実際に〜ではないが、〜によく似ている。「〜みたいだ」は話し言葉。
〜みたいだ　Thực tế thì không phải là "〜" nhưng rất giống "〜". "〜みたいだ" là văn nói.

　　　　例・今日は春のような天気だった。（今は春ではない。）
　　　　　・町はお祭りみたいなにぎやかさだった。（実際にはお祭りではない。）

J　動詞や名詞の意味を広げる文法形式

まとめ問題（A〜J）

つぎの文の（　　）に入れるのに最もよいものを、1・2・3・4から一つえらびなさい。

① この店には高い品物（　　）並んでいる。
1　ぐらい
2　なんか
3　しか
4　ばかり

② 机の上に本がたくさん重ねてあって、今にも（　　）。
1　崩れているようだ
2　崩れそうだ
3　崩れてしまった
4　崩れたら大変だ

③ この本は、いつも（　　）、ぼろぼろになってしまった。新しいのを買おうかな。
1　持ち歩いていては
2　持ち歩いていれば
3　持ち歩いていたら
4　持ち歩いているなら

④ 質問の答えをここに（　　）場合は、紙の裏に続きを書いてください。
1　書きかける
2　書き終わる
3　書ききれない
4　書き通せない

⑤ わたしはそのとき彼が言った言葉を決して（　　）。
1　覚えていたい
2　忘れないだろう
3　思い出した
4　忘れようと思う

⑥ A「将来はどんな仕事をしたいのですか。」
　 B「わたしは（　　）日本に関係がある仕事をしたいと考えています。」
1　どうか
2　まるで
3　おそらく
4　ぜひ

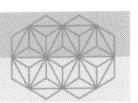

7 すみません。はんこをお願いします。書留ははんこをいただかないとお渡しできない（　　　）んです。
1　ことになっている　　　　2　ようにしている
3　ことにする　　　　　　　4　ようになる

8 林君は（　　　）スポーツもできて、クラスの女の子たちに人気がある。
1　頭がいいと　　　　　　　2　頭もよければ
3　頭がよかったら　　　　　4　頭もいいのなら

9 自分の話を（　　　）、ほかの人の話もよく聞くようにしたほうがいいよ。
1　するばかりでなく　　　　2　したばかりでなく
3　するばかりで　　　　　　4　しないばかりで

10 みんなと同じような服ではなくて、自分（　　　）服を着たい。
1　みたいな　　　　　　　　2　のつもりの
3　らしい　　　　　　　　　4　のような

11 この石けんを（　　　）、新しいのを出そう。
1　使いすぎてから　　　　　2　使いきってから
3　使いすぎると　　　　　　4　使いきると

12 A「あれ、山田さんは？　もう帰った？」
B「山田さんならたった今（　　　）だから、まだその辺にいると思いますよ。」
1　帰るばかり　　　　　　　2　帰っているところ
3　帰ってばかり　　　　　　4　帰ったところ

13 いつの間にか眠ってしまって、目が覚めると、外はもう（　　　）。
1　明るくした　　　　　　　2　明るくなった
3　明るくしていた　　　　　4　明るくなっていた

まとめ問題（A～J） 101

実力養成編

第2部 文の文法2

1課　文の組み立て-1　引用

ある人が言ったこと、自分が思ったことの内容を一文の中に入れるには、次のような方法があります。
Sau đây là những cách để đưa nội dung lời của ai đó nói hoặc điều bản suy nghĩ vào trong một câu.

1　普通形＋と…「言う・思う・感じる」など

　例・わたしは思います。＋「リンさんはきっと合格するでしょう」
　　　→わたしはリンさんはきっと合格するだろうと思います。

2　[辞書形・ない形]＋ように（＋と）
　　[て形・ない形＋で]＋ほしい＋と　　…「頼む・注意する・言う」など
　　命令形・禁止形＋と

　例・医者はカンさんに勧めた。＋「ときどき運動をしたほうがいいです」
　　　→医者はカンさんにときどき運動をするように勧めた。
　　・わたしは先生に頼んだ。＋「もう一度説明してくださいませんか」
　　　→わたしは先生にもう一度説明してほしいと頼んだ。
　　・母はわたしに言った。＋「お金を大切に使いなさいね」
　　　→母はわたしにお金を大切に使えと言った。

3　普通形＋かどうか
　　疑問詞＋～か　　…「聞く・わからない・調べる」など

　例・わたしはカンさんに聞いた。＋「あした会えるでしょうか」
　　　→わたしはカンさんにあした会えるかどうか（を）聞いた。
　　・わたしはわからない。＋「どうすれば日本語が上手になるでしょうか」
　　　→わたしはどうすれば日本語が上手になるか（が）わからない。

4　どうして／なぜ～かというと、…からだ。　　　　　　　　　　→第3部 1課

　例・「どうしてこの店は人気がありますか」＋安くておいしいからです。
　　　→どうしてこの店が人気があるかというと、安くておいしいからです。

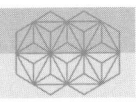

つぎの文の ★ に入る最もよいものを1・2・3・4の中から一つえらびなさい。

1 今度の旅行について＿＿＿ ＿＿＿ ★ ＿＿＿お返事をください。
　1 計画で　　　2 このような　　　3 どうか　　　4 いいか

2 危ないから＿＿＿ ＿＿＿ ★ ＿＿＿子どもたちに注意した。
　1 並んで　　　2 横に　　　3 ように　　　4 歩かない

3 どうすれば入りたい＿＿＿ ＿＿＿ ★ ＿＿＿聞いてみたい。
　1 会社に　　　2 先輩に　　　3 入れる　　　4 か

4 今年こそ＿＿＿ ＿＿＿ ★ ＿＿＿と思う。
　1 行きたかった　　　2 行こう　　　3 ヨーロッパに　　　4 前から

5 リンさんは、自分がアルバイトで＿＿＿ ＿＿＿ ★ ＿＿＿と言った。
　1 食べに　　　2 働いている　　　3 来てほしい　　　4 店に

6 先生に授業中は＿＿＿ ＿＿＿ ★ ＿＿＿どうしても寝てしまう。
　1 と　　　2 言われても　　　3 寝るな　　　4 つまらないと

7 山田さんに＿＿＿ ＿＿＿ ★ ＿＿＿と聞かれた。
　1 ほしいの　　　2 どれか　　　3 いちばん　　　4 は

8 どうして＿＿＿ ＿＿＿ ★ ＿＿＿やり方を間違えていたからだ。
　1 というと　　　2 ように　　　3 言われたか　　　4 やり直す

9 店長に＿＿＿ ＿＿＿ ★ ＿＿＿と言われた。
　1 言え　　　2 そう　　　3 休みたい　　　4 なら

10 いつごろからこの言葉が＿＿＿ ＿＿＿ ★ ＿＿＿調べてみた。
　1 なった　　　2 使われる　　　3 か　　　4 ように

1課　文の組み立て-1　引用

2課　文の組み立て-2　名詞の説明

名詞を説明する形式はいろいろありますが、説明する言葉は必ず名詞の前に来ます。
Có nhiều cách khác nhau để giải thích danh từ nhưng những từ được sử dụng để giải thích danh từ nhất thiết phải đứng trước danh từ đó.

1 [普通形（ナ形だ-な・名だ-の）] ＋名
　例・そのバスは東京駅に行く→東京駅に行くバス
　　・そのバスに乗ると子どもが喜ぶ→子どもが喜ぶバス
　　・そのニュースを聞いてショックを受けた→ショックを受けたニュース
　　・にぎやかな声で子どもたちが話している→子どもたちが話しているにぎやかな声

2 [助詞]＋の＋名
　例・そのバスは駅まで行く→駅までのバス
　　・母から手紙が来た→母からの手紙
　　・友だちにプレゼントをあげる→友だちへのプレゼント

3 [助詞のような働きをする言葉]＋の＋名　　　　　　　　　　→第1部B
　例・そのバスを通学手段として使う→通学手段としてのバス
　　・生命について本を書いた→生命についての本

4 [助詞のような働きをする言葉の名詞につく形]＋名　　　　　→第1部B
　例・そのバスは市の運営によって走っている→市の運営によるバス
　　・A案に対して反対意見を言う→A案に対する反対意見

5 [状態や様子を表す言葉（ばかり・とおり・まま・はずなど）]＋の＋名
　例・そのバスは修理したばかりだ→修理したばかりのバス
　　・その景色はガイドブックで見たとおりだった→ガイドブックで見たとおりの景色
　　・この服は汚れたままだ→汚れたままの服

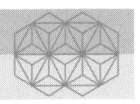

つぎの文の ★ に入る最もよいものを1・2・3・4の中から一つえらびなさい。

1 海岸を歩いていたら、どこからか＿＿＿ ＿＿＿ ★ ＿＿＿きた。
　1 魚が　　　　2 いい匂いが　　3 焼ける　　　　4 して

2 読む＿＿＿ ＿＿＿ ★ ＿＿＿多くはない。
　1 本は　　　　2 感動する　　　3 たびに　　　　4 あまり

3 ここに＿＿＿ ＿＿＿ ★ ＿＿＿紹介されている。
　1 若い　　　　2 作品が　　　　3 よる　　　　　4 デザイナーたちに

4 きのう＿＿＿ ＿＿＿ ★ ＿＿＿目が見えないみたいだ。
　1 子ねこは　　2 生まれた　　　3 まだ　　　　　4 ばかりの

5 わたしは＿＿＿ ＿＿＿ ★ ＿＿＿残念だ。
　1 あの人と　　2 約束を　　　　3 守れなくて　　4 の

6 山田先生に＿＿＿ ＿＿＿ ★ ＿＿＿変わりません。
　1 今も　　　　2 気持ちは　　　3 感謝の　　　　4 対する

7 2回目の＿＿＿ ＿＿＿ ★ ＿＿＿出た。
　1 結果が　　　2 実験では　　　3 思った　　　　4 とおりの

8 どこで＿＿＿ ＿＿＿ ★ ＿＿＿話が面白かった。
　1 について　　2 知り合ったか　3 二人が　　　　4 の

9 この町には、＿＿＿ ＿＿＿ ★ ＿＿＿通りがある。
　1 家々が　　　2 ままの　　　　3 昔の　　　　　4 残っている

10 今日の午前中に＿＿＿ ＿＿＿ ★ ＿＿＿まだ着いていない。
　1 荷物が　　　2 はずの　　　　3 友だちから　　4 届く

3課　文の組み立て-3　「～という・～といった」

「～という…・～といった…」の「～」は「…(名詞)」の名前・内容・例などを示します。はっきり言うのを避けるときは「という・といった」の後に「ような」をつけます。

"~" trong "～という…/～といった…" là tên/nội dung/ví dụ, v.v. của cụm "... (danh từ)". Khi muốn tránh việc nói rõ ràng, phía sau "という / といった" thường có thêm "ような".

1 名前を紹介する（～という…）　Giới thiệu tên

例
- わたしは松下という者です。
- これはなでしこという花です。
- これ、珍しいですね。何という果物ですか。

2 内容を示す（～という…）　Đưa ra nội dung

例
- 鈴木さんが会社を辞めるといううわさを聞いた。
- 「ワンワン」という犬の鳴き声が聞こえます。
- 「三日坊主」はすぐにあきてしまうというような意味だと思います。

3 知識・事実などを示す（～ということ）　Đưa ra kiến thức, sự thật

例
- かぜの予防には手洗いがいいということを知っていましたか。
- まき子さんのお母さんは有名な女優だということを初めて聞いた。
- いい教育を受けるのにたくさんのお金が必要だということは問題だと思う。
- 兄はこの前会ったとき、今月は忙しいというようなことを言っていた。

4 よく知らない言葉を示す（～というの）　Đưa ra những từ không quen　→第1部 C

例
- コンピューター用語で、アップデートというのは何ですか。

5 いくつかの例を示す（～といった…）　Đưa ra một số ví dụ

例
- わたしは数学、物理、化学といった理科系の科目が好きだ。
- 彼女は黒とか灰色といったような暗い色の服が似合う。

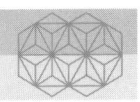

つぎの文の＿★＿に入る最もよいものを1・2・3・4の中から一つえらびなさい。

1. 何＿＿＿ ＿＿＿ ★ ＿＿＿から、だれかに聞いてみよう。
   1 植物　　　2 という　　　3 わからない　　　4 か

2. 何でも＿＿＿ ＿＿＿ ★ ＿＿＿考えにはわたしは賛成できない。
   1 いい　　　2 ような　　　3 という　　　4 いちばんが

3. 調べた結果、これは昔、子どもの＿＿＿ ＿＿＿ ★ ＿＿＿ことがわかった。
   1 おもちゃだ　　　2 作られた　　　3 ために　　　4 という

4. 洗濯、掃除、料理＿＿＿ ＿＿＿ ★ ＿＿＿みんなでするべきだ。
   1 家族　　　2 家庭内の　　　3 仕事は　　　4 といった

5. 「ださい」という＿＿＿ ＿＿＿ ★ ＿＿＿意味の言葉だ。
   1 かっこ悪い　　　2 という　　　3 のは　　　4 ような

6. 田中さんがいない＿＿＿ ＿＿＿ ★ ＿＿＿が見えましたよ。
   1 リーさん　　　2 女性　　　3 という　　　4 間に

7. 自分にとって＿＿＿ ＿＿＿ ★ ＿＿＿ことをもう一度考えたい。
   1 何か　　　2 ものは　　　3 という　　　4 大切な

8. 「雨模様」＿＿＿ ＿＿＿ ★ ＿＿＿ことだ。
   1 様子の　　　2 のは　　　3 という　　　4 雨が降りそうな

9. もう年末だが、もうすぐ＿＿＿ ＿＿＿ ★ ＿＿＿あまりしない。
   1 感じが　　　2 正月が　　　3 来る　　　4 という

10. ゆっくり温泉に入って、また＿＿＿ ＿＿＿ ★ ＿＿＿なった。
    1 という　　　2 がんばろう　　　3 気持ちに　　　4 あしたから

3課　文の組み立て-3　「〜という・〜といった」

4課 文の組み立て-4 決まった形

組み合わせが決まっている文法形式があります。決まった形として覚えましょう。
Một số hình thái ngữ pháp có nối kết hợp được mặc định sẵn. Các bạn hãy cố gắng ghi nhớ những dạng cố định này nhé.

1 〜から…にかけて　⇒〜から…の間　Trong khoảng từ ""〜" đến "…"
・年末から年始にかけてわたしはとても忙しい。
・明日は関東地方から東北地方にかけて雨が降るでしょう。

2 〜を…として・〜を…に　⇒〜を…と考えて(認めて)　Cho rằng (chấp nhận) ""〜" là "…"
・入院をきっかけとしてわたしは健康に注意するようになった。
・日本の世界地図は日本を中心にかかれている。
・この小説家は家族をテーマとした小説をたくさん書いている。

3 〜はもちろん…も　⇒〜は当然だが、…も同じように
"〜" thì đương nhiên nhưng cả "…" cũng giống như vậy
・このゲームは子どもはもちろん大人も楽しめる。
・夫は国内の山々はもちろん外国の山にもあちこち登っている。

4 (〜ば)〜ほど…・(〜なら)〜ほど…　→第1部 2課-4
・考えれば考えるほどわからなくなってきた。

5 〜くらい…はない・〜ぐらい…はない・〜ほど…はない　→第1部 3課-2
・今まで見た中で、これほど面白い映画はない。

6 〜さえ〜ば…・〜さえ〜なら…　→第1部 6課-3、第1部 A
・自分さえよければ満足なのですか。

7 〜ことは〜が、…　→第1部 8課-5
・その本は読んだことは読んだが、内容は忘れた。

8 〜も…ば〜も…・〜も…なら〜も…　→第1部 H-3
・世の中にはいい人もいれば悪い人もいる。

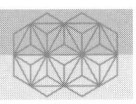

つぎの文の ★ に入る最もよいものを1・2・3・4の中から一つえらびなさい。

1 この店は夕方＿＿＿ ＿＿＿ ★ ＿＿＿の客が多い。
　1　夜　　　　2　会社帰り　　　3　にかけて　　　4　から

2 京都には、＿＿＿ ＿＿＿ ★ ＿＿＿観光客が訪れる。
　1　週末は　　2　多くの　　　　3　もちろん　　　4　平日にも

3 わたしはこの＿＿＿ ＿＿＿ ★ ＿＿＿初めからがんばるつもりです。
　1　出発点　　2　失敗を　　　　3　もう一度　　　4　として

4 野球はするのも＿＿＿ ＿＿＿ ★ ＿＿＿ですね。
　1　スポーツ　2　楽しい　　　　3　楽しければ　　4　見るのも

5 ここから＿＿＿ ＿＿＿ ★ ＿＿＿姿を見たことがない。
　1　富士山　　2　きれいな　　　3　見える　　　　4　ほど

6 絵を＿＿＿ ＿＿＿ ★ ＿＿＿いれば、どこでも何時間でも楽しめる。
　1　さえ　　　2　紙とペン　　　3　持って　　　　4　かくことは

7 無理に＿＿＿ ＿＿＿ ★ ＿＿＿なってしまう。
　1　眠れなく　2　眠ろうと　　　3　するほど　　　4　すれば

8 週3回以上＿＿＿ ＿＿＿ ★ ＿＿＿アルバイトの人を募集した。
　1　条件　　　2　働ける　　　　3　ことを　　　　4　として

9 この会は＿＿＿ ＿＿＿ ★ ＿＿＿活動をしている。
　1　中心に　　2　木村さんを　　3　会長の　　　　4　いろいろな

10 携帯電話は＿＿＿ ＿＿＿ ★ ＿＿＿が、じゃまになることも多い。
　1　便利な　　2　便利だ　　　　3　ことは　　　　4　あれば

4課　文の組み立て-4　決まった形

まとめ問題（1課〜4課）

つぎの文の ★ に入る最もよいものを、1・2・3・4から一つえらびなさい。

1 初めて会った＿＿＿ ＿＿＿ ★ ＿＿＿美しい人だった。
　　1　とおりの　　　2　聞いていた　　3　母から　　　　4　その人は

2 林さんの＿＿＿ ＿＿＿ ★ ＿＿＿はとても役に立った。
　　1　経験者　　　　2　意見　　　　　3　の　　　　　　4　として

3 A「先週送ったメール、返事をもらっていないけど、読んでくれましたか。」
　　B「実は先週から＿＿＿ ＿＿＿ ★ ＿＿＿時間がなかったんです。ごめんなさい。」
　　1　返信する　　　2　今週に　　　　3　とても忙しくて　4　かけて

4 今回は＿＿＿ ＿＿＿ ★ ＿＿＿書くつもりだ。
　　1　テーマと　　　2　人口問題を　　3　レポートを　　4　した

5 この町に＿＿＿ ＿＿＿ ★ ＿＿＿不満が大きくなっている。
　　1　住民からの　　2　に対する　　　3　工場を作る　　4　こと

6 わたしには＿＿＿ ＿＿＿ ★ ＿＿＿悩みがある。
　　1　上手に　　　　2　という　　　　3　人の前で　　　4　話せない

7 わたしは今日＿＿＿ ＿＿＿ ★ ＿＿＿したことはない。
　　1　楽しい　　　　2　経験を　　　　3　ほど　　　　　4　これまで

8 これらの写真の中には、価値の＿＿＿ ＿＿＿ ★ ＿＿＿ものもある。
　　1　つまらない　　2　ある　　　　　3　あれば　　　　4　ものも

9 A「どうしたの？　さっきから何を探しているの？」
　　B「朝、かばんに入れた＿＿＿ ＿＿＿ ★ ＿＿＿ないんだ。」
　　1　財布　　　　　2　はず　　　　　3　が　　　　　　4　の

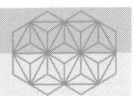

10 どこからか＿＿＿ ＿＿＿ ★ ＿＿＿ようですが……。
1 声が　　　　2 赤ちゃんが　　　3 する　　　　　4 泣いている

11 先生に、＿＿＿ ＿＿＿ ★ ＿＿＿言われた。
1 わからない　2 ように　　　　3 質問する　　　4 ときは

12 A「今度うちでパーティーをするんですが、簡単な料理を教えてくれませんか。」
B「この料理はどうですか。ここに＿＿＿ ＿＿＿ ★ ＿＿＿だれでもすぐに作れるはずですよ。」
1 あれば　　　2 書いてある　　　3 さえ　　　　　4 材料

13 ごみが増え続けている＿＿＿ ＿＿＿ ★ ＿＿＿考えていかなければならない。
1 問題　　　　2 ことを　　　　　3 として　　　　4 自分たちの

14 わたしはハンバーガーや焼き肉と＿＿＿ ＿＿＿ ★ ＿＿＿好きだ。
1 カロリーが　2 食べ物が　　　　3 いった　　　　4 高い

15 なぜわたしが係を＿＿＿ ＿＿＿ ★ ＿＿＿ほかにいなかったからだ。
1 いうと　　　2 やることに　　　3 やりたい人が　4 なったかと

16 【電話で】
兄「お母さん、何と言っていた？」
妹「お正月に家に＿＿＿ ＿＿＿ ★ ＿＿＿ほしいって。」
1 くるか　　　2 知らせて　　　　3 帰って　　　　4 どうか

17 親にとって＿＿＿ ＿＿＿ ★ ＿＿＿ことはない。
1 病気　　　　2 心配な　　　　　3 子どもの　　　4 ぐらい

18 できるだけ規則正しい生活を＿＿＿ ＿＿＿ ★ ＿＿＿と思う。
1 ように　　　　　　　　　　　　2 したほうがいい
3 する　　　　　　　　　　　　　4 だろう

まとめ問題（1課〜4課）── 113

実力養成編

第3部 文章の文法

1課 文の始めと終わりの対応

文章にはまとまりが必要です。その基本は、一つ一つの文で始めと終わりが正しく対応していることです。
Trong văn bản cần có sự thống nhất chặt chẽ. Điều cơ bản để tạo nên sự thống nhất đó là sự đối xứng giữa đầu câu và cuối câu trong từng câu văn.

ポイント1 始めと終わりの対応にはいくつかの型があります。
Có một số dạng đối xứng đầu và cuối câu như sau.

例1　～には　＋…がいる・…がある・…が多い
　例・世界にはいろいろな文化を持った国がある。
　　・この計画には問題点が多い。

例2　～には・～のに（は）　＋…が必要だ・…が便利だ・…なければならない・…がかかる
→第1部C
　例・この仕事をするには車の運転ができなければならない。
　　・外国へ行くのにはパスポートが必要だ。

例3　～のは　＋…だ・…からだ・…ためだ
→第1部C
　例・わたしが祖母について思い出せるのは、優しい笑顔だけだ。
　　・昨夜家に帰れなかったのは、急ぎの仕事が終わらなかったからです。

例4　どうして／なぜ～かというと　＋…からだ
→第2部 1課-4
　例・どうしてこの植物にあまり水をやらないかというと、その方がきれいな花が咲くからです。
　　・なぜこの仕事を選んだかというと、子どものときから動物が好きだったからだ。

ポイント2 長い文では助詞と、それに対応する動詞が離れていることがあります。受身文や使役文などでは助詞と動詞の対応を間違えると、言いたいことが正しく伝えられないことがあるので特に注意しましょう。
→第3部 5課

Trong các câu văn dài, có những trường hợp trợ từ và động từ tương ứng đứng cách nhau khá xa. Đối với câu bị động và câu sai khiến, nhầm lẫn trong đối ứng giữa trợ từ và động từ có thể dẫn đến việc không thể truyền đạt chính xác điều muốn nói nên cần đặc biệt chú ý.

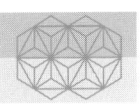

例 ・あしたリーさんに、だれか中国料理を教えてくれる人を紹介してもらおう。
・母親は子どもたちに、自分の部屋を毎週1回きれいに片付けさせた。
・わたしは先生に、その文をすらすら読めるようになるまで何度も読まされた。

練習 どちらか適当な方を選びなさい。

1　今、困っているのは、
　　a　お金のことだ。
　　b　お金が足りない。

2　初めて飛行機に乗ったのは、20年前に
　　a　両親とアメリカへ行った。
　　b　両親とアメリカへ行ったときだ。

3　今朝早く
　　a　起きられなくて、
　　b　起きられなかったのは、
　昨夜お酒を飲みすぎたからだ。

4　どうしてこの計画が中止になったかというと、
　　a　予算が足りません。
　　b　予算が足りないからです。

5　この地方には昔から続いている
　　a　伝統的な行事がある。
　　b　伝統的な行事を見ることができる。

6　山の頂上まで行くには、ここからさらに2時間ぐらい
　　a　登っていこう。
　　b　登らなければならない。

7　つよしはじょうだんを言っていつもみんなを
　　a　笑わせるから、クラスの人気者だ。
　　b　笑われるのは、なんだかかわいそうだ。

8　林さんはピアノが好きで、子どもにも小さいときからずっと
　　a　習っていた。
　　b　習わせていた。

9　この学校ではバイクで通学することを
　　a　10年も前から校則で禁止している。
　　b　生徒会で話し合った結果、禁止された。

10　わたしは母に、寒い朝でも向こうの角の所までごみを出しに
　　a　行かされる。
　　b　行くことになる。

2課 時制・〜ている

まとまりのある文章にするためには、できごとの時間的前後関係に注意して文を続けなければなりません。また、ある時点で起こったことか、続いている状態かを確かめて、「〜ている」を正しく使うことが大切です。

Để tạo ra văn bản có kết cấu chặt chẽ, cần phải xây dựng mối liên kết giữa các câu văn và đặc biệt chú ý đến quan hệ trước sau về mặt thời gian của các sự việc. Ngoài ra, sau khi xác nhận xem sự việc đó đã xảy ra tại một thời điểm nào đó rồi hay là trạng thái đang tiếp diễn, việc sử dụng chính xác "〜ている" là điều vô cùng quan trọng.

ポイント1 時間を表す言葉と動詞の形とを合わせます。

Kết hợp giữa từ thể hiện thời gian và dạng của động từ.

- 間もなく／もうすぐ／やがて／来年 など ＋ この子は5歳に<u>なる</u>。（現在形）
- 今／現在 など ＋ 雪が降<u>っている</u>。（〜ている）
- 去年／先週／4月1日に など ＋ わたしは日本に<u>来た</u>。（過去形）

ポイント2 「〜ている」の使い方

意味	例文
進行中の動作 Hành động đang tiến hành	わたしはそのとき旅行の準備をし**ていた**。
習慣 Thói quen	弟は毎日サッカーの練習に行っ**ている**。
結果が残っている状態 Trạng thái mà kết quả vẫn đọng lại	駅のホームに財布が落ち**ていた**。 町田さんはめがねをかけ**ている**。
形・様子 Hình dáng/bề ngoài	この道は海に続い**ている**。 弟とぼくはあまり似**ていない**。
完了・未完了 Hoàn thành/chưa hoàn thành	10年後、彼女も母親になっ**ている**だろうか。 9時に会場に着いた。もうみんな来**ていた**。 この子はまだ5歳になっ**ていません**。

ポイント3 「〜とき」の前の動詞や、名詞を説明する文の動詞の時制は、文全体の最後の動詞の出来事より先に起こることか、後に起こることかを考えて決めます。

Thời của động từ đứng trước "〜とき" và thời của động từ trong mệnh đề định ngữ được quyết định bởi sự việc mà nó miêu tả xảy ra trước hay sau sự việc mà động từ nằm ở cuối câu miêu tả.

- ご飯を<u>食べた</u>とき、「ごちそうさま」と<u>言います</u>。（食べる→言う）
- ご飯を<u>食べる</u>とき、「いただきます」と<u>言います</u>。（言う→食べる）

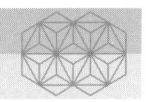

・いつもいちばん早く来た人がエアコンをつけます。（来る→つける）
・新幹線の中で飲むお茶を駅の売店で買った。（買う→飲む）

練習1 どちらか適当な方を選びなさい。

1 机の上に置いておいたぼくの大事な本はどこに（a 行く　b 行った）のだろう。
2 来月、わたしがこの5年間で（a 作る　b 作った）作品の展覧会が開かれます。
3 駅まで遠いですから、歩いていくのでは（a 疲れますよ　b 疲れていますよ）。
4 きのうわたしは12時過ぎまで（a 起きた　b 起きていた）。
5 まだ昼ご飯を（a 食べない　b 食べていない）のなら、いっしょにどうですか。
6 うちに（a 来る　b 来た）ときは、連絡してください。駅まで迎えに行きます。
7 彼が港に（①a 着いた　b 着いている）ときには、船はもう（②a 出た　b 出ていた）。
8 あした、林さんに（①a 会う　b 会った）ときに、この本を（②a 返そう　b 返した）。

練習2 （　　　）の中の動詞を適当な形にして、書きなさい。

　子どものころ、わたしのうちにはいろいろな動物が（①いる→　　　　　　）。犬はもちろん、うさぎ、鳥、にわとりなど、みんな母がどこからか（②もらってくる→　　　　　　）動物だった。母は動物の世話にとても興味を（③持つ→　　　　　　）が、これらの動物にえさを（④やる→　　　　　　）のはわたしの仕事だった。わたしは母が入れ物に（⑤入れる→　　　　　　）えさを自分の手で動物たちに与えた。当時わたしはまだ小学生に（⑥なる→　　　　　　）が、母の影響でいつの間にか大の動物好きになっていた。だから、動物園に（⑦就職できる→　　　　　　）ときは、本当にうれしかった。

まとめ問題（1課・2課）

1．つぎの文章を読んで、文章全体の内容を考えて、$\boxed{1}$ から $\boxed{5}$ の中に入る最もよいものを1・2・3・4から一つえらびなさい。

わたしは言葉の勉強が好きです。今までにいくつかの外国語を勉強したことがあります。日本語は国にいるとき1年ぐらい勉強しましたが、日本に来てからも続けています。今、毎週火曜日と木曜日の夜、市民センターに行って、田中さんから日本語を教わっています。レッスンのときに $\boxed{1\text{-a}}$ ことは前の日に予習し、$\boxed{1\text{-b}}$ ことは必ず復習しています。

外国語を勉強しようとする人にアドバイスすることが三つあります。まずするべきことは、いい先生を $\boxed{2}$ 。何回かレッスンを受ければ、自分の勉強スタイルに合う先生かどうかわかります。どういう教え方をしてほしいか先生に伝えてもいいと思います。また、勉強が難しくなると、なかなか次に進めなくなります。しかし、同じところばかりずっと $\boxed{3}$ 、だんだんあきてきます。そういうときは全部 $\boxed{4}$ 、少しずつ先に進んだほうがいいです。そして、三つ目は、習ったことをどれぐらい覚えているかということより、どれだけ $\boxed{5}$ ということの方が大切だということです。勉強したことを実際にどんどん使ってみることが大事です。

$\boxed{1}$ 1　a 勉強する／b 勉強した　　　2　a 勉強した／b 勉強する
　　 3　a 勉強している／b 勉強した　　4　a 勉強していた／b 勉強する

$\boxed{2}$ 1　探します　　　　　　　　　　2　探すことです
　　 3　探しています　　　　　　　　4　探していることです

$\boxed{3}$ 1　やっていると　　　　　　　　2　やっていたので
　　 3　やってみると　　　　　　　　4　やってみたので

$\boxed{4}$ 1　覚えられないと　　　　　　　2　覚えられなくても
　　 3　覚えられたら　　　　　　　　4　覚えられたので

$\boxed{5}$ 1　使ってみる　　　　　　　　　2　使ってみるの
　　 3　使っている　　　　　　　　　4　使っているか

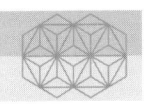

2. つぎの文章を読んで、文章全体の内容を考えて、1 から 5 の中に入る最もよいものを1・2・3・4から一つえらびなさい。

先日、公園で、ありが忙しそうに働いているのを見た。白い小さなものを 1 。行列の先を見ると、地面に小さな穴が開いていた。ありの巣だ。穴の周りには、穴を掘ったときに出た土が盛られていた。この土の山があるので、雨が降っても周りから雨水が入りにくくなっているようだ。穴の中は 2 。自分で中を見ることはできないので、家に帰ってインターネットで調べてみた。

ある専門家のページによると、ありの巣は、初めは女王ありがたった1匹で 3 。最初は一部屋だけで、女王はそこで卵を産んで 4 。卵は1か月ぐらいで働きありに成長し、この働きありが巣を大きくしていくらしい。卵を置いておく部屋、えさを置いておく部屋、子ども部屋など、人間の家よりも 5 。女王ありの部屋はいちばん奥で、女王はここで出産と子育てに集中するのだそうだ。

1 1 運んだ　　　　　　　　　2 運んでいた
   3 運ばれた　　　　　　　　4 運ばれていた
2 1 どうなるのだろう　　　　2 どうしたのだろう
   3 どうなっているのだろう　4 どうしていたのだろう
3 1 作るそうだ　　　　　　　2 作ったそうだ
   3 作られるそうだ　　　　　4 作られたそうだ
4 1 育てる　　　　　　　　　2 育てた
   3 育てられる　　　　　　　4 育てられた
5 1 よく働く　　　　　　　　2 子どもが多い
   3 簡単に作った　　　　　　4 部屋が多い

3課　話者が見る位置を動かさない手段-1　他動詞・自動詞

まとまりのある文章にするためには、話者が見る位置を動かさないで文を続けなければなりません。他動詞・自動詞は、何に注目するかによって使い分けます。

Nhằm tạo ra văn bản có sự thống nhất chặt chẽ, điểm nhìn của người nói trong các câu văn không được phép có sự thay đổi. Ngoại động từ và nội động từ sẽ được sử dụng ra sao còn tùy thuộc vào người nói muốn tập trung thể hiện điều gì.

【ポイント】他動詞・自動詞の使い分け

Phân chia cách dùng của ngoại động từ, nội động từ

他動詞の文	自動詞の文
変化を起こす動作に注目して言う Tập trung vào hành động tạo ra sự thay đổi ヤンさんはタクシーを**止めた**。 わたしはろうそくの火を**消した**。 わたしはドアを**開けた**。	**変化を起こす動作の結果に注目して言う** (注1) Tập trung vào kết quả của hành động tạo ra sự thay đổi (Chú ý1) タクシーが**止まった**。 ろうそくの火が**消えた**。 ドアが**開いた**。
(対応する他動詞がない場合が多い) (Có nhiều trường hợp không có ngoại động từ tương ứng)	**自然に起こることを表す** Thể hiện những gì xảy ra trong tự nhiên 雪が**降った**。 庭にきれいなばらの花が**咲いた**。 今夜は月が明るく**輝いている**。
人や物への働きかけがある動作を表す Thể hiện hành động có ảnh hưởng tới người khác hoặc vật khác 先生が子どもを**しかった**。 わたしはリーさんに仕事を**頼んだ**。	(対応する自動詞はない) (注2) (Không có nội động từ tương ứng) (Chú ý 2)
(対応する他動詞はない) (注3) (Không có ngoại động từ tương ứng) (Chú ý 3)	**人や物への働きかけがない動作を表す** Thể hiện hành động không gây ảnh hưởng gì tới người khác hoặc vật khác 子どもたちはいすに**座った**。 飛行機が空を**飛んでいる**。

注1：受身文でも表すことができる。　　　　　　　　　　　　　　　→第3部 5課

Chú ý 1: Câu bị động có thể được sử dụng trong trường hợp này.

　　　例・タクシーが**止め**られた。

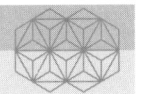

注2：受身文で表すことができる。　　　　　　　　　　　　　　　　　　→第3部 5課

Chú ý 2: Câu bị động có thể được sử dụng trong trường hợp này.

例・子どもは先生にしかられた。

注3：使役文で表すことができる。　　　　　　　　　　　　　　　　　　→第3部 5課

Chú ý 3: Câu sai khiến có thể được sử dụng trong trường hợp này.

例・先生は子どもたちをいすに座らせた。

練習 （　　）の中から動詞を選び、適当な形にして、＿＿の上に書きなさい。

1　読み終わった本は、棚に①＿＿＿＿＿てください。部屋を出るときは、電気が②＿＿＿＿＿ているかどうか確認してください。　　（戻る・戻す、消える・消す）

2　登山靴には、丈夫で簡単には①＿＿＿＿＿ひもを使っています。ひもはお客様の注文に合わせてちょうどいい長さに②＿＿＿＿＿こともできますので、まず、はいてみてください。　　　　　　　　　　　　　　　　　　　　　　（切れる・切る）

3　家に帰ってびっくりした。窓が①＿＿＿＿＿ていた。だれが②＿＿＿＿＿んだろうと思った。そうだった。わたしが、家を③＿＿＿＿＿とき、④＿＿＿＿＿のを忘れたのだ。　　　　　　　　（開く・開ける、出る・出す、閉まる・閉める）

4　わたしは1990年にある小さい島で①＿＿＿＿＿。病院も店もなく知り合いもいない島で子どもを②＿＿＿＿＿ことができるだろうかと、母はわたしを③＿＿＿＿＿後、悩んだそうだ。でも、わたしは元気に④＿＿＿＿＿て、母を安心させた。
　　　　　　　　　　　　　　　　　　　　　　（生まれる・産む、育つ・育てる）

5　今朝は遅刻してしまった。きのう、遅くまで①＿＿＿＿＿ていたし、目覚まし時計がいつの間にか②＿＿＿＿＿ていたのだ。電池はちゃんと③＿＿＿＿＿ておいたはずなのに……。あしたは試験だから、母に7時に④＿＿＿＿＿てほしいと頼んでおこう。　　　　　　　　　　　（起きる・起こす、止まる・止める、入る・入れる）

3課　話者が見る位置を動かさない手段−1　他動詞・自動詞

4課　話者が見る位置を動かさない手段-2　〜てくる・〜ていく

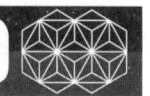

「〜てくる・〜ていく」を使えば、話者が見る位置・時点がはっきりします。
Điểm nhìn của người nói cũng như thời điểm phát ngôn sẽ rõ ràng nếu dùng "〜てくる/〜ていく".

犬が向こうから走っ**てくる**。
このごろ暖かくなっ**てきた**。

犬が向こうへ走っ**ていく**。
これからはもっと暖かくなっ**ていく**。

ポイント　「〜てくる・〜ていく」の整理

意味	例文	注意点
ある動作の後の移動 Di chuyển sau khi thực hiện một hành động	出かけるとき、天気予報を見**てきました**。 荷物はここに預け**ていこう**。	
	「〜てくる」だけ コンビニでジュースを買っ**てきます**。 ちょっと外でたばこを吸っ**てきます**。	出発点に戻る Quay lại điểm xuất phát
	「〜ていく」だけ 空港へ行く途中でお金をおろし**ていこう**。 途中の郵便局で書留を出し**ていった**。	出発点に戻らない Không quay lại điểm xuất phát
移動の方向 Hướng di chuyển	川上から帽子が流れ**てきた**。 エレベーターが1階から上がっ**てくる**。 飛行機が南の方へ飛ん**でいった**。 エレベーターが上の階へ上がっ**ていく**。	移動の動詞につく Gắn với động từ thể hiện sự di chuyển
話者へのものごとの接近・到達 Sự vật, sự việc tiếp cận hoặc đến chỗ người nói	「〜てくる」だけ 友だちから電話がかかっ**てきた**。 どこからか鐘の音が聞こえ**てきた**。 新しい心配ごとが出**てきた**。	

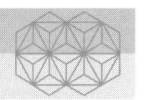

変化や状態の持続	この地方も交通がだんだん便利になって**きた**。これからは観光客が多くなって**いく**と思う。 この村の人たちは昔からずっと村の伝統を守って**きた**。今後も守って**いく**だろう。	変化を表す動詞・継続を表す動詞を使う
Kéo dài sự thay đổi hay trạng thái nào đó		Sử dụng động từ thể hiện sự thay đổi, động từ thể hiện sự liên tục

練習 「くる・いく」を適当な形にして、_____の上に書きなさい。

1 最近だんだん会社での責任が重くなって①_____。これからはさらに忙しくなるだろう。でも、この仕事をずっと続けて②_____よかったと思う。

2 今夜、わたしの家で忘年会をします。わたしはケーキを作ります。みきさんは珍しい料理を持って①_____くれるらしいです。山本君は途中でスーパーに寄って、飲み物を買って②_____ことになっています。10年前から毎年同じメンバーで忘年会をして③_____ので、今年もとても楽しみです。

3 となりに引っ越して①_____学生さんは音楽が専門らしい。夜中も彼の部屋から音楽が聞こえて②_____。今朝もわたしが外へごみを出しに行くと、大きな楽器を持って部屋から出て③_____、駅の方へ歩いて④_____。重そうな楽器だ。学校に置いて⑤_____ばいいのに、と思うが、夜も練習しなければならないのだろう。

4 どこからかニャーニャーという鳴き声がしたので、家の外に出てみると、うちの車の下から小さいねこが出て①_____。とてもかわいいので、台所からミルクとお皿を取って②_____、子ねこの前に置いた。子ねこはミルクを飲むと、また車の下に逃げてしまった。それから毎日、わたしの姿を見つけると近づいて③_____ミルクを飲んでいたが、きのう、飼い主が現れて、無事に子ねこを連れて④_____。

まとめ問題（3課・4課）

1. つぎの文章を読んで、文章全体の内容を考えて、 1 から 5 の中に入る最もよいものを1・2・3・4から一つえらびなさい。

　一人暮らしだと、どうしても野菜不足になります。健康のために1日に350グラムの野菜を食べるといいと言いますが、サラダだけではそんなに食べられません。でも、時間をかけて野菜の料理を作るのは面倒だし、油や塩、しょうゆを使いすぎると、別の 1 。

　そこで、わたしは考えました。栄養を逃がさないで、味付けも簡単な野菜料理を作るには蒸すのがいいと。さっそく蒸し料理用のなべを買ってきました。このなべはふたが三角帽子のような形に 2 。野菜を入れてふたをし、弱火で7、8分。火を止めてしばらくしてからふたを開けると、野菜はすっかり軟らかくなっていました。なべに水を入れなくても、野菜から出た水が水蒸気になって上に上がります。そして、ふたに当たって温度が下がり、 3 というわけです。少し塩を振っただけで十分おいしくて、野菜本来の味を楽しむことができました。気に入って、この1か月毎日蒸し野菜を食べ続けたら、体が 4 。なべに 5 説明書によると、できるだけいろいろな野菜を食べるのがいいそうです。ですから、これからは、今まであまり食べなかったほかの野菜も食べてみようと思っています。

1　1　問題が出てきます　　　　2　問題が出ていきます
　　3　問題を出してきます　　　　4　問題を出していきます

2　1　なってきます　　　　　　　2　なってきました
　　3　なっています　　　　　　　4　なりました

3　1　ふたの上に落ちる　　　　　2　野菜の上に落ちる
　　3　野菜の上から落とす　　　　4　ふたの上に落とす

4　1　軽くしてきました　　　　　2　軽くしていきました
　　3　軽くなってきました　　　　4　軽くなっていきました

5　1　ついていく　　　　　　　　2　ついてきた
　　3　つけてくる　　　　　　　　4　つけていった

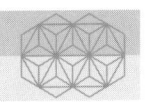

2．つぎの文章を読んで、文章全体の内容を考えて、1 から 5 の中に入る最もよいものを1・2・3・4から一つえらびなさい。

今年の夏はベランダでゴーヤを育ててみることにした。ゴーヤというのは大きいきゅうりのような 1 野菜だ。暑さに強くて、病気や虫の心配もあまりないという。
まず、種の先を切り落とし、水を少し入れた皿の上に置いて、根が出てくるのを待った。四日目に白いものが 2 。これがゴーヤの根だ。土を入れたポットにそっと植えた。さらに1週間後、重い土を持ち上げてかわいい芽が出てきた。葉が4枚になったところで、大きい植木鉢に植え替えた。毎日どんどん 3 、とても楽しみだった。そのうち、つる(注)が伸びてきた。棒を立てて、このつるを巻いてやった。折れないように注意しながら、伸びた部分をなるべく横に 4 いいそうだ。やがて直径2センチぐらいの黄色い花がたくさん咲いた。一日だけ咲いて落ちてしまう花もあるし、ずっと咲いている花もある。見ると、咲き続けている花の下に小さい 5 。感動的な発見だった。

注：つる

1　1　形をする　　　　　　　　2　形をしている
　　3　形をしてきた　　　　　　4　形をしていく

2　1　見ている　　　　　　　　2　見られていった
　　3　見えてきた　　　　　　　4　見えていった

3　1　大きくしていけば　　　　2　大きくしていくので
　　3　大きくなっていけば　　　4　大きくなっていくので

4　1　広げると　　　　　　　　2　広がると
　　3　広げてくると　　　　　　4　広がっていくと

5　1　ゴーヤの実がついていた　　2　ゴーヤの実がつけてあった
　　3　ゴーヤの実をつけてきた　　4　ゴーヤの実がつけてきた

5課 話者が見る位置を動かさない手段-3　受身・使役・使役受身

受身・使役・使役受身を使い分ければ、話者の立場を表すことができます。
Nếu sử dụng phân biệt được dạng bị động, sai khiến, bị động sai khiến thì có thể diễn tả được lập trường của người nói.

ポイント 受身・使役・使役受身の使い分け

受身	「ほかの人の行為」や「できごとの影響」を受ける Chịu ảnh hưởng bởi hành vi của người khác hay bởi sự kiện gì đó	
	人（話者または心理的に話者に近い人）が主語 Chủ ngữ là con người (người nói hoặc người gần gũi với người nói về mặt tình cảm)	うちの子は先生に**しかられた**。 わたしはだれかに肩を**たたかれた**。 最後に点を**取られて**負けてしまった。 突然雨に**降られて**ぬれてしまった。
	物が主語 Chủ ngữ là sự vật	ワインはぶどうから**作られる**。 この工場では年間25万台の車が**生産されている**。
使役	ほかの人の行為や感情を促す Thúc đẩy hành vi hay cảm xúc của người khác	
	行為を強制する Cưỡng chế hành vi	わたしは犬にボールを取りに**行かせた**。 親は子どもたちに家事を**手伝わせた**。 田村さんはいつもみんなを**待たせる**。
	行為を許す Cho phép thực hiện hành vi	母は疲れている。あしたは一日**休ませて**あげよう。 監督はぼくたちにジュースを**飲ませて**くれた。 わたしにも意見を**言わせて**もらいたいです。
	感情を引き出す Tạo ra, gây ra cảm xúc	弟はよく母を**怒らせる**。 ヤンさんはいつもみんなを**笑わせている**。
使役受身	促す行為を受ける、感情に影響を受ける Bị một hành vi thúc giục, bị ảnh hưởng một cảm xúc	
	行為の強制を受ける Chịu sự cưỡng chế về hành vi	わたしは監督にボールを取りに**行かされた**。 わたしは親に家事を**手伝わされた**。 田村さんにはいつも**待たされる**。
	感情に影響を受ける Chịu ảnh hưởng về mặt cảm xúc	わたしは弟によく**泣かされる**。 その本を読んで深く**考えさせられた**。

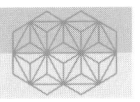

練習 （　）の中の動詞を文章の流れに合う形にして、書きなさい。

1　父の店がテレビで（①紹介する→　　　　　）たので、急に客が増えた。そのため、父は兄や姉にも店を（②手伝う→　　　　　）ている。しかし、わたしには（③手伝う→　　　　　）つもりはないらしい。

2　サッカー部に入ったが、なかなかボールに（①触る→　　　　　）てもらえず、先輩に（②走る→　　　　　）てばかりいる。つまらないのでゆっくり走ると、すぐに大きな声で（③注意する→　　　　　）て、練習の後も部屋の掃除を（④する→　　　　　）。もう辞めようかと思った。でも、先日試合に（⑤出場する→　　　　　）てもらって、先輩によくがんばったと（⑥ほめる→　　　　　）たので、もう少し続けてみようと思う。

3　急に昔の友だちに会いたくなったので、メールを（①送る→　　　　　）た。じょうだんを言ってよくわたしたちを（②笑う→　　　　　）ていた人だ。会って話を聞くと今は3人の子どもを（③育てる→　　　　　）ているそうだが、明るさは昔と変わっていない。あまりきびしいことを（④言う→　　　　　）ないで、子どもたちを自由に（⑤遊ぶ→　　　　　）ているのだそうだ。彼女らしい（⑥育てる→　　　　　）方だと思った。

4　病院や銀行などでは、順番を待つ人に待ち時間を長く（①感じる→　　　　　）ないように、いろいろな工夫を（②する→　　　　　）ている。待合室などに（③置く→　　　　　）てあるテレビや雑誌もその一つだ。絵本やおもちゃも、親に連れて（④くる→　　　　　）た子どもを（⑤あきる→　　　　　）ないためのものだ。しかし、いちばんいいのは、病院や銀行が人を（⑥待つ→　　　　　）ないことだろう。

6課　話者が見る位置を動かさない手段-4　～てあげる・～てもらう・～てくれる

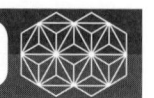

ポイント1　比べて考えたとき、心理的に話者に近い方の立場に立って文を作ります。

Cấu trúc này thể hiện sự gần gũi tương đối của mối quan hệ giữa người nói và người nghe hoặc với người thứ ba. Người nói sẽ lựa chọn vị trí của người gần hơn với mình về mặt tình cảm để nói.

　　　●は○に～てあげる：　●→○　　　　●：話者／話者に近い人
　　　●は○に～てもらう：　●←○　　　　○：話者から遠い人
　　　○は●に～てくれる：　○→●

× 山川さんはわたしの母に服を作ってあげました。（山川さんより母の方が近い）
○ わたしの母は山川さんに服を作ってもらいました。

ポイント2　いやな気持ちを表すときは、話者を主語にして受身文で言います。　→第3部 5課

Khi thể hiện cảm giác khó chịu, người ta sẽ cho người nói làm chủ ngữ và nói theo cấu trúc bị động.

例
・どろぼうに荷物を持っていかれた。（いやな気持ち）
・（わたしは）カンさんに荷物を外に持っていってもらった。（うれしい気持ち）
・カンさんが荷物を外に持っていってくれた。（うれしい気持ち）

ポイント3　「～てもらう」の文は、いつも「〈人〉に（～を）～てもらう」という形になります。
「～てあげる・～てくれる」の文では、動詞に合った助詞を使います。

Câu văn dùng "～てもらう" luôn luôn ở dạng "〈人〉に（～を）～てもらう". Câu văn dùng "～てあげる/～てくれる" thì sử dụng trợ từ phù hợp với động từ.

助詞・動詞の例	例文
〈人〉を 誘う、起こす、泊める、招待する	わたしは友だちを部屋に泊めてあげた。 山口さんはわたしをパーティーに招待してくれた。
〈人〉に～を (注1) 貸す、教える、見せる、紹介する	母はおじにお金を貸してあげたようだ。 ヤンさんはわたしに中国語を教えてくれる。
〈人〉に～を (注2) 作る、買う、歌う、読む	わたしは毎晩子どもたちに本を読んでやっている。 山川さんはわたしに指輪を買ってくれた。
〈人〉の～を 持つ、運ぶ、直す、手伝う	姉は高橋さんの仕事を手伝ってあげたそうだ。 ヤンさんがわたしのパソコンを直してくれた。

注1：必ず「〈人〉に～を」を使う動詞

Chú ý 1: Bắt buộc phải là những động từ sử dụng "〈人〉に～を"

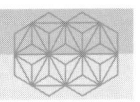

注2：本来は「～を」を使う動詞だが、ある人のためにその行為をするときだけ「〈人〉に～を」を使う動詞

Chú ý 2: Vốn dĩ, đây là những động từ sử dụng "～を" nhưng chỉ khi thực hiện hành vi đó vì ai đấy thì đây sẽ là những động từ sử dụng "〈人〉に～を"

練習 最も適当なものを選びなさい。

1　きのうかぜで一日中寝ていた。同じアパートのカンさんが、晩ご飯を作って(① a あげた　b もらった　c くれた)。カンさんは料理が上手で、ときどき大家さんにも国の料理を作って(② a あげている　b もらっている　c くれている)。「ぼくは大切な仕事がある日は、大家さんに頼んで(③ a 起こしてあげて　b 起こしてもらって　c 起こしてくれて)いるので、そのお礼なんです。」とカンさんは言う。

2　となりの鈴木さんは親切な人だ。わたしは前に鈴木さんにこわれた自転車を(① a 直してあげた　b 直してもらった　c 直してくれた)ことがある。その自転車は、学校の(② a 先輩にゆずってあげた　b 先輩にゆずってもらった　c 先輩がゆずってあげた)物だ。鈴木さんがこわれていたベルを(③ a 取り替えてあげた　b 取り替えてもらった　c 取り替えてくれた)ので、ずっと使っていたのだが、この間、だれかにそのベルを(④ a 盗んでもらって　b 盗ませて　c 盗まれて)しまった。

3　ある日、宿題で書いた日本語の作文をだれかに(① a 見てあげたい　b 見てもらいたい　c 見せてもらいたい)と思ったので、アルバイトをしている店の店長に頼んでみた。すると、高校生の娘さんを(② a 紹介してあげた　b 紹介してもらった　c 紹介してくれた)。娘さんは英語が苦手らしいので、わたしはときどき日本語を(③ a 教えてあげる　b 教えてもらう　c 教えてくれる)かわりに、英語を(④ a 教えてあげる　b 教えてもらう　c 教えてくれる)ことにした。

まとめ問題（5課・6課）

1. つぎの文章を読んで、文章全体の内容を考えて、1 から 5 の中に入る最もよいものを1・2・3・4から一つえらびなさい。

　先日、後ろから来た自転車に 1 しまいました。わたしは歩道を歩いていたのですから、悪いのはもちろん自転車の方です。
　次の日、その歩道で今度はわたしが自転車に乗っていたときのことです。小さい子どもを連れたお母さんが前を歩いていたので、ベルを 2 。すると、そのお母さんは「自転車で歩道を走らないで。」と言いました。 3 困ると言いたそうな顔で、彼女はわたしをにらみました。
　道路交通法という法律がありますが、2008年に改正されて、歩道の安全のために自転車は基本的に車道を走ることになりました。けれども、車が多い場合、自転車で車道を走ったら、 4 迷惑でしょう。この法律には自転車に乗る人の年齢などいろいろ条件があるようですが、わたしは自転車で危険な車道を 5 いやです。でも、歩く人の立場になって考えると、歩道を走る自転車は迷惑です。自転車のための道がもっと増えればいいのに、と思います。

1 　1　ぶつけて　　　　　　　　2　ぶつけられて
　　3　ぶつけさせて　　　　　　4　ぶつけさせられて

2 　1　鳴らしました　　　　　　2　鳴らされました
　　3　鳴らしてもらいました　　4　鳴らしてくれました

3 　1　注意させられないと　　　2　注意させないと
　　3　注意してあげないと　　　4　注意してくれないと

4 　1　車の人には　　　　　　　2　歩く人には
　　3　自転車の人には　　　　　4　子どもやお年寄りには

5 　1　走れるのは　　　　　　　2　走らされるのは
　　3　走ってあげるのは　　　　4　走ってもらうのは

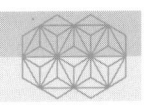

2．つぎの文章を読んで、文章全体の内容を考えて、１ から ５ の中に入る最もよいものを１・２・３・４から一つえらびなさい。

わたしたちはどんなときに「税金」のことを考えるでしょうか。スーパーで肉や野菜を買うときなどは、税金（消費税）を払っているという意識はあまり高くないかもしれません。たばこ税や酒税についても、値段の中に初めから入っているため、税金を １ という意識は薄いでしょう。

しかし、例えば何かの修理を頼むときなどは意識が強くなるでしょう。修理代のほかに、 ２ ことがわかります。もし税金が加わらなければもっと安いのになあ、と残念な気がします。また、会社から給料を ３ ときも同じような気持ちになります。全体の給料から税金が ４ 、実際に受け取れる金額が少なくなるからです。

このように、わたしたちは意識してもしなくても、さまざまな場面で税金を払っています。政府には、わたしたちから取る税金の使い方をもっとしっかり ５ 。

１　1　払わせている　　　　　　2　払わされている
　　3　払ってもらえる　　　　　　4　払ってくれる

２　1　税金が取られる　　　　　　2　税金を取らせる
　　3　税金を払ってあげる　　　　4　税金を払ってもらう

３　1　払った　　　　　　　　　　2　あげた
　　3　くれた　　　　　　　　　　4　もらった

４　1　引かれるので　　　　　　　2　引かれても
　　3　引かせるのに　　　　　　　4　引かせても

５　1　考えられます　　　　　　　2　考えてあげたいです
　　3　考えてもらいたいです　　　4　考えてくれます

7課 こ・そ・あ

まとまりのある文章にするために、「こ・そ・あ」を使い分けることが大切です。
Để tạo ra được một văn bản chặt chẽ, điều quan trọng là phân chia rõ cách dùng "こ/そ/あ".

ポイント1 文章の中では、前の文の中の語や文の内容を指すとき、ふつう「そ」を使います。ただし、自分と心理的に近いことを示したいときは「こ」を使うことが多いです。

Trong các văn bản, "そ" được sử dụng khi muốn chỉ ra từ hoặc nội dung của câu văn trước đó. Tuy nhiên, người ta đa phần sử dụng "こ" khi muốn chỉ ra sự việc gần gũi về mặt tâm lý với bản thân mình.

例
- 書類をどこかに置き忘れた。それには大切な情報が書いてあったのだが……。
- 実験は安全だろうか。まずそのことを確かめてから始めたい。
- 新しい市長が決まった。この人はわたしの高校時代の同級生である。

ポイント2 個人的な文章の中で、思い出している物を指すとき、「あ」を使います。

Trong các văn bản mang tính cá nhân, "あ" được sử dụng khi muốn chỉ ra sự vật mà người viết nhớ lại.

例
- 子どものころ、近くの公園でよく遊んだ。あの公園はまだ残っているだろうか。

ポイント3 文章の中の「こ・そ」の形

形	使い方	例文
それ これ	物・内容を指す Chỉ ra sự vật, nội dung	友だちから指輪をもらった。**これ**は今、わたしの宝物である。 進学するお金がない。**それ**が問題だ。
そこ ここ	場所・部分を指す Chỉ ra địa điểm, bộ phận	港に着いて船を降りた。**そこ**で母が待っていた。 この曲は初めのメロディがすてきだ。**ここ**は何度聞いてもあきない。
その この	限定する Hạn định	明日、ある会社の社長に会う。**その**会社は大阪にある。 今年の誕生日に山に行った。**この**日は非常に寒かった。
そんな こんな そういう こういう	状況を指す Chỉ ra tình huống	妹は一日12時間も寝る。**こんな**人は珍しいのではないか。 この川では最近全く魚が釣れない。**そういう**ことは今までなかった。

実力養成編 第3部 文章の文法

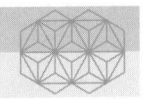

| こう そう | 前の文の内容を指して副詞のように使う Sử dụng như một phó từ chỉ ra nội dung của câu văn phía trước | 困ったとき助けてくれる友だちがいる。**そう**思うと安心する。 忙しい、時間がない。**こう**言い訳するのがわたしのくせだ。 毎日朝夕5分間ずつ英語を聞く。**こう**すると聞き取りが上達する。 |

練習 どちらか適当な方を選びなさい。

1 今日は友だちに会う約束があった。わたしは（a それ　b そこ）を忘れていた。

2 中山君が不合格だったそうだ。（a そんな　b あんな）ことは信じられない。

3 今日は朝から大雨でいやだなあ。（a そういう　b こんな）日はどこへも出かけたくない。

4 図書館で、必要な本をほかの人が借りていることがあります。（a そういう　b それの）場合は、予約をすることができます。

5 少子化というのはそんなに悪いことではないのではないか。（a こう　b これを）考える人も多いだろう。

6 世の中には自分とそっくりな人が3人いるという。しかし、わたしは（a その　b そんな）人には会ったことがない。

7 パリには前に一度行った。（a その　b そんな）ときわたしは二十歳だった。

8 眠れないときは薬を飲めばいいと中川さんは言うが、（a そう　b そうするの）がいいとは思えない。

9 天ぷらは野菜などに卵と小麦粉をつけて、（a それを　b その）油で揚げた料理です。

10 友だちが映画の話をしていたが、わたしは（①a その　b あの）映画を知らなかった。とても面白いそうだ。友だちが（②a そう　b そうと）言ったのでぜひ見たいと思い、レンタルショップに行ったが、（③a それ　b そこ）には置いていなかった。

8課 は・が

まとまりのある文章にするために、「は・が」を使い分けることが大切です。
Để tạo ra được một văn bản thống nhất chặt chẽ thì việc phân định rõ "は/が" là vô cùng quan trọng.

ポイント1 「が」を使う場合　Trường hợp dùng "が"

1. 初めて話題に出たものや特に伝えたいことを言うとき

    Khi đề cập tới chủ đề được đưa ra lần đầu tiên, hay khi đặc biệt muốn truyền đạt

    例・昔、ある村に太郎という若者が住んでいた。
    ・明日、首相がこの市に来る。

2. 自然現象やその場で見たこと・聞いたことを言うとき

    Khi nói về các hiện tượng thiên nhiên, hay những điều bản thân mắt thấy, tai nghe

    例・久しぶりに公園を散歩した。桜がとても美しかった。
    ・ここはいい所だ。さわやかな風が吹いて、木の上で鳥が鳴いている。

3. 名詞を説明する文 や 条件・時・理由などを表す文 の中の主語を言うとき

    Khi nói đến chủ ngữ của mệnh đề định ngữ hoặc chủ ngữ trong câu chỉ điều kiện, thời gian, lí do, v.v.

    例・あの作家が書いた 本を一度読んでみるべきだ。
    ・ヤンさんが来たら、この書類を見せよう。

ポイント2 「は」を使う場合　Trường hợp dùng "は"

1. ある話題を取り上げるとき、一度前に出た話題を言うとき

    Khi đưa ra một chủ đề nào đó hay khi nói về chủ đề đã được nhắc tới trước đó

    例・日本語能力試験は大勢の人が受験する。
    ・昔、ある村に太郎という若者が住んでいた。太郎はとても貧乏だった。

2. 特に話題にすること・強調すること・否定することを言うとき

    Khi muốn thu hút sự chú ý vào một chủ đề nào đó, hay khi đề cập đến điều cần nhấn mạnh, cần phủ định

    例・日本では車は道の左側を通ることになっています。
    ・あの人とは結婚しようとは思わない。

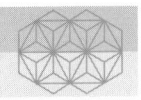

3．二つのことを対比して言うとき

Khi đem hai sự vật, hiện tượng ra để so sánh, đối chiếu với nhau

例
- 梅の花<u>は</u>咲いていますが、桜<u>は</u>まだです。
- 雪<u>は</u>降っているが、風<u>は</u>ない。
- 外<u>では</u>コートを着ますが、部屋の中<u>では</u>脱ぎます。

練習 「は」か「が」を＿＿＿の上に書きなさい。

1 きのう授業＿①＿終わってから、クラスのカーンさんと本屋へ行きました。カーンさん＿②＿日本語のテキストを買いたいと言ったので、いっしょに買いに行くことにしたのです。カーンさん＿③＿、会話＿④＿まあまあ大丈夫だけれど、書くのはまだ下手だと言いました。わたしはその反対です。
　本屋＿⑤＿7階まであります。まっすぐ5階の日本語のコーナーへ行きました。日本語のテキスト＿⑥＿たくさん並んでいました。その中に松本先生＿⑦＿紹介してくださった本＿⑧＿ありました。それ＿⑨＿中級のレベルの言葉＿⑩＿ていねいに説明されている本です。また、カーンさん＿⑪＿漢字の練習帳も必要だと言って、表紙＿⑫＿とてもきれいな漢字の本を選びました。買う本＿⑬＿1階に持っていって、1階のカウンターでお金を払いました。

2 日本人＿①＿発明した物はいろいろあるが、胃の中を写す「胃カメラ」も日本人の発明であること＿②＿あまり知られていない。胃カメラ作り＿③＿始まったの＿④＿、第二次世界大戦＿⑤＿終わったばかりの1949年だった。光＿⑥＿ない胃の中の写真を撮ること＿⑦＿できないとだれもが考えたが、小さい電球の弱い光でも写真＿⑧＿撮れる方法を工夫して、1年後胃カメラを完成させた。胃カメラ＿⑨＿胃の病気を早く発見するのに役立って、世界中で多くの人を助けている。

まとめ問題（7課・8課）

1. つぎの文章を読んで、文章全体の内容を考えて、 1 から 5 の中に入る最もよいものを1・2・3・4から一つえらびなさい。

面白い 1 。

ある日ある所で豚とペンギン(注)が出会った。ペンギンは豚に「今日は暑いね」と言った。豚は「いや、そんなことはない。過ごしやすい日だよ」と言った。「違うよ。ほら、温度計を見ろよ。気温は高いよ。25度だよ」「25度？ ちょうどいい気温じゃないか」ペンギンと豚はとうとうけんかになってしまった……という話である。

もちろん、豚とペンギンは一つのたとえなのだが、 2 わたしたちの日常によくあることだ。南極から来たペンギンと暖かい所に住む豚の感じ方が違うように、暑さ、うるささ、美しさ、広さ、便利さなどは、人によって基準が違う。その基準は 3 性格や生まれ育った環境によってでき上がるのだろう。それぞれ 4 違う人が集まって集団をつくり、人間はその集団の中で生活している。このことをよく理解しなければ、わたしたちはこの話を 5 。

注：ペンギン

参考：Ⓒ小泉吉宏／KADOKAWA

1 1 漫画がある   2 漫画はある   3 漫画である   4 漫画でもある
2 1 このことは   2 このことが
   3 こういうことは   4 こういうことが
3 1 そんな   2 そういう   3 その人の   4 そんな人の
4 1 基準は   2 基準が   3 基準でも   4 基準では
5 1 怒らないだろう   2 怒れないだろう
   3 笑わないだろう   4 笑えないだろう

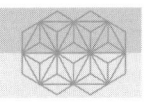

2. つぎの文章を読んで、文章全体の内容を考えて、 1 から 5 の中に入る最もよいものを1・2・3・4から一つえらびなさい。

わたしはロボットに関心があります。ロボットというのは工場などで人間に代わっていろいろな仕事をする機械のことだと思う人が多いかもしれませんが、わたしが研究したいのは 1 、ペットの代わりをするロボットなのです。つまり、 2 ロボットです。動物が好きな人はペットと遊ぶことで心が明るくなるようです。しかし、ペットを飼いたくても飼えない人もいます。 3 ペットロボットです。

すでに日本ではいくつかのペットロボットが売られています。これらの 4 喜んだり声を出したりします。ペットロボットは病気の子どもたちやお年寄りを元気にするために役立てられています。ある研究所の調査によると、ペットロボットと遊んだ後は気分がよくなった、ほかの人との会話が増えた、話題がペットロボットについての明るい内容に変わった、などのいい効果が出ているとのことです。

わたしは、 5 ペットロボットの研究を一生のテーマにしたいと思っています。

1　1　このような産業ロボットで　　　2　このような産業ロボットではなく
　　3　そういう産業ロボットで　　　　4　あのような産業ロボットではなく
2　1　人間をかわいがる　　　　　　　2　人間はかわいがる
　　3　人間にかわいがられる　　　　　4　人間がかわいがられる
3　1　そんな人が作ったのは　　　　　2　この人のために作れたのが
　　3　こういう人によって作られたのは　4　そんな人のために作られたのが
4　1　ペットロボットは本物の動物のように
　　2　ペットロボットが本物のロボットのように
　　3　ペットロボットは本物の人間のように
　　4　ペットロボットが本物のように
5　1　このような心理的効果がある　　2　このような心理的効果はなくても
　　3　この心理的効果があって　　　　4　その心理的効果がなくても

9課 接続表現

ポイント 文章で使うN3レベルの接続表現の使い方は次のようなものです。

Cách dùng liên từ trong văn bản ở cấp độ N3 bao gồm như sau:

1. 加えて言う　Nói thêm, bổ sung thêm thông tin

   ・ノートパソコンは場所を取らない。**また**、持ち運びにも便利だ。
   ・彼は料理を二人分も食べた。**さらに**、食後にケーキも食べた。
   ・毎日勉強が大変だ。**そのうえ**、アルバイトもしている。
   ・小川さんは仕事が早い。**しかも**、正確だ。
   ・作文を書き直させられた。**それも**、3回もだ。

2. 結果・結論を言う　Đưa ra kết quả, kết luận

   ・事故があった。**そのため**、道が込んでいる。
   ・この調査方法には間違いがある。**したがって**、この結果は正しいとは言えない。
   ・部屋に本が増えてきた。**そこで**、本だなを買うことにした。
   ・紅茶にレモンを入れた。**すると**、色が変わった。

3. 理由・根拠を言う　Đưa ra lí do, căn cứ

   ・大学では文学を勉強したい。**なぜなら／なぜかというと**、作家になりたいからだ。

4. 別の言い方で言う　Diễn đạt bằng cách nói khác

   ・この仕事は土曜日と日曜日が休みだ。**つまり**、週休二日だ。

5. 比べて言う　Nói so sánh

   ・妹は明るい。**それに対して／一方**、姉はおとなしい。

6. どちらかであることを言う　Lựa chọn giữa hai cái

   ・出欠の返事はメールで知らせてください。**または**、ファクスでもいいです。

7. 前の文から予想されることと違うことを言う

   Diễn đạt sự việc xảy ra khác với những gì được dự đoán từ nội dung của câu phía trước

   ・家に電話をかけた。**だが**、だれも出なかった。
   ・彼はもう空港に着いているはずだ。**ところが**、まだ何も連絡がない。

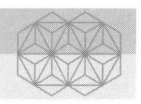

8. 条件・例外などを加える　Thêm điều kiện hoặc đưa ra trường hợp ngoại lệ, v.v.

・このアパートはとてもいい。**ただ**、家賃が高い。
・試験に欠席したら不合格だ。**ただし**、特別な理由があれば別の日に受けられる。

9. 話題を変える　Thay đổi chủ đề cuộc nói chuyện

・いい会社に就職が決まってよかったですね。**ところで**、ご家族はお元気ですか。

練習　最も適当なものを選びなさい。

1　ある調査によると、女性の半分以上が結婚式をしたいと考えているそうだ。（a　一方　b　または　c　さらに）、男性はどちらでもいいという人が多かった。

2　何度もメールをしてみましたが、見ていないのか、全く返事が来ません。（a　つまり　b　そこで　c　そのうえ）、直接電話をかけてみました。

3　ねこにとって目を合わせることは「敵」の感情を持っていることを意味する。（a　または　b　それも　c　したがって）、ねこが横を向くのは逆に親しみを表すと考えられる。

4　豆腐は安くて栄養が豊富です。（①a　すると　b　それに対して　c　しかも）、いろいろな料理に使えます。（②a　そのため　b　ただし　c　だが）、日本人の食生活には欠かせない食品になっています。

5　若者は、いろいろなことに興味を持ち、何でもやってみるというイメージがある。（①a　そのため　b　ところが　c　なぜなら）、最近日本の若者が外国に関心を持たなくなったという話を聞く。海外旅行や海外留学をする人が減っているというのだ。（②a　だが　b　または　c　また）、海外で仕事をしたいと考える人も少なくなっているそうだ。（③a　すると　b　ただ　c　したがって）、若者の数そのものが減っているし、経済的、社会的な問題もあると考えられるので、単純に若者の考え方が変わったとは言えないかもしれない。

10課　文章の雰囲気の統一

文章全体を同じ雰囲気にするために、気楽な話し言葉と硬い言葉をいっしょに使いません。また、文章全体を「丁寧体（です・ます）」か「普通体（だ／である）」に統一します。

Không dùng chung ngôn từ hội thoại suồng sã với ngôn từ trang trọng. Cần có sự thống nhất trong toàn văn bản với "thể lịch sự (です/ます) hoặc "thể thông thường (だ/である)".

× これは日本の会社の製品です。でも、タイで作られた。
○ これは日本の会社の製品です。しかし、タイで作られました。
○ これは日本の会社の製品だ（である）。だが、タイで作られた。

ポイント1　レポートや論文などの硬い文章では、「普通体（だ／である）」を使います。また、文を続けるとき、「て形」のかわりに以下のような形を使うことがあります。

Trong các văn bản trang trọng như báo cáo, luận văn, người ta thường sử dụng "thể thông thường (だ/である)". Ngoài ra, khi liên kết các mệnh đề trong câu, thay vì "dạng て", người ta sử dụng các dạng dưới đây.

・文法の説明を読み、例文を見た後で練習問題をし、答えを確認する。
・この地方はほとんど雨が降らず、昼は非常に暑く、夜は０度まで気温が下がる。
・この家具は機械を使用せず、人の手だけで作られており、温かみが感じられる。

ポイント2　硬い文章では、ふつうくだけた形を使ったり助詞を省略したりしません。

Trong văn bản trang trọng không sử dụng dạng rút ngắn cũng như lược bỏ trợ từ.

× 詳しいこと調べてみなきゃ、結論出せないんじゃない？
○ 詳しいことを調べてみなければ、結論は出せないのではないか。

ポイント3　硬い文章でよく使う表現は次のページのようなものです。

Dưới đây là các cách diễn đạt thường được sử dụng trong văn bản trang trọng.

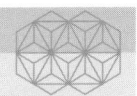

	硬い文章で使う表現 Cách nói sử dụng trong văn bản trang trọng		日常会話で使う表現 Cách nói sử dụng trong hội thoại thường ngày
副詞・形容詞	非常に・大変	この計画は**非常に**困難だ。	すごく
	多く・大勢	この食品はビタミンCを**多く**含む。	いっぱい
	少し	言葉は**少し**ずつ変化している。	ちょっと
	やはり	**やはり**実験は成功しなかった。	やっぱり
	さまざまな・いろいろな	**さまざまな**考え方がある。	いろんな
動詞	述べる・話す・言う	これからこの物質の特徴を**述べる**。	しゃべる
	行う	大統領選挙は7月に**行われた**。	やる
接続表現	しかし・だが	これは難しい。**だが**、挑戦しよう。	でも・だけど
疑問詞	なぜ	**なぜ**我々は働くのだろうか。	なんで
助詞	～など	金属には金や銀**など**がある。	なんか
その他の表現	～と・～という・～そうだ	それは事故だ**という**。	～って
	～ようだ・～らしい	彼の言葉は真実ではない**ようだ**。	～みたいだ

練習 ＿＿＿の部分は文章の雰囲気に合っていません。合うように書き換えなさい。

多くの外国人にとって東京のイメージは、どこへ行っても人が ①いっぱいいて、高いビルが ②すごく多い大都市だ ③っていうものであろう。④だけど、日本に来てみると、その考えは ⑤ちょっと変わる。確かに東京は大都市だが、都会的な場所だけではなく、林や畑 ⑥なんかの自然も目にすることが ⑦できます。このようなことはテレビを見るだけ ⑧じゃわからない。⑨やっぱり実際に住み、⑩いろんな所を見てはじめてわかること ⑪なんじゃ ⑫ないでしょうか。

① : ＿＿＿＿＿＿ ② : ＿＿＿＿＿＿ ③ : ＿＿＿＿＿＿
④ : ＿＿＿＿＿＿ ⑤ : ＿＿＿＿＿＿ ⑥ : ＿＿＿＿＿＿
⑦ : ＿＿＿＿＿＿ ⑧ : ＿＿＿＿＿＿ ⑨ : ＿＿＿＿＿＿
⑩ : ＿＿＿＿＿＿ ⑪ : ＿＿＿＿＿＿ ⑫ : ＿＿＿＿＿＿

まとめ問題（9課・10課）

1. つぎの文章を読んで、文章全体の内容を考えて、[1]から[5]の中に入る最もよいものを1・2・3・4から一つえらびなさい。

わたしは料理が大好きで、自分の息子たちにも小さいころから料理を[1]。ある日、息子が一人で家族のために卵の料理を作ってくれた。わたしたちは喜んでさっそく一口食べてみた。[2]、そのおいしそうな料理は、とても辛かった。息子がトマトケチャップだと思って入れたのは、実は辛いソースだったのだ。息子は泣きそうな顔をしていた。わたしは、「この子が家族を喜ばせようと思ってしたことなのだから、その気持ちは絶対に無駄にしたくない」と思った。[3]、その辛い料理を使って新しい料理を作ることにした。「失敗は悪いことじゃないよ。それに、これは失敗ではなくて、まだ途中なんだから」と言いながらスープを[4]、その卵料理を入れてみた。すると、ふつうのスープが本当においしいスープに変わった。息子も[5]。

参考：青木祐人・青木のぞ美『ゆうとくんちのしあわせごはん』宮帯出版社

[1] 1 されている　2 させている　3 してきた　4 させられてきた
[2] 1 ところが　2 ところで　3 つまり　4 しかも
[3] 1 さらに　2 また　3 そこで　4 ただ
[4] 1 作ったので　2 作ったが　3 作った　4 作り
[5] 1 笑顔になったんだ　2 笑顔になっていた
　　3 笑顔を見ていた　4 笑顔を見たんだ

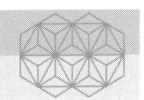

2. つぎの文章を読んで、文章全体の内容を考えて、 1 から 5 の中に入る最もよいものを1・2・3・4から一つえらびなさい。

100年前と今

リュウ　エイ

　100年前と今とを比べると、いろいろなことが変わってきた。今、わたしたちはさまざまな技術のおかげで、便利な生活を送っている。 1 、人の心も昔よりよくなったと言えるだろうか。

　例えば、今はお金さえ払えばいつでも自分の食べたい物が買えるので、食べ物のありがたみがわからなくなってきている。 2 、昔は今より食べ物を手に入れることが難しかった。そのため、今よりもずっと感謝の心を持っていたはずだ。

　また、今は、通信手段が発達してきて、人と 3 コミュニケーションが取れるようになった。便利にはなったが、その分、心の距離は遠くなってしまった。昔の人は、いつも相手と直接会って 4 、今よりも親しい関係を作ることができていたのではないだろうか。

　今のわたしたちも、昔の人のように感謝の心を持ち、もっと人間関係を大切にすれば、100年前と同じような心豊かな生活が送れるように 5 と思う。

1　1　すると　　　　2　それから　　　　3　しかし　　　　4　しかも

2　1　または　　　　2　一方　　　　　　3　ただ　　　　　4　それに

3　1　会わずに　　　2　会えず　　　　　3　会えなく　　　4　会わなくなり

4　1　話していたのが　　　　　　　　　2　話していたけど
　3　話していたのに　　　　　　　　　4　話していたので

5　1　なるのではないか　　　　　　　　2　なるのではないかな
　3　なるのではないだろう　　　　　　4　なるのではないでしょう

模擬試験

第1回

/23点

問題1　つぎの文の（　　）に入れるのに最もよいものを、1・2・3・4から一つえらびなさい。

[1] 一度（　　）会ったことがあれば、友だちだと考える人もいる。
1　も
2　でも
3　さえ
4　こそ

[2] ここにたくさんのびんがあります。大きさ（　　）三つに分けてください。
1　に比べて
2　について
3　によって
4　に対して

[3] A「この本、面白かったですよ。」
　　B「じゃ、わたしにも（　　）ほしいです。お借りしてもいいですか。」
1　読んで
2　読まれて
3　読ませて
4　読むのが

[4] 日本では、秋は（　　）とてもいい季節だと言われている。
1　読書するのに
2　読書することで
3　読書できるように
4　読書できるうちに

[5] きのうの試験で自分では正しい答えを（　　）が、わたしの答えは間違いだった。
1　書くつもりになった
2　書いたつもりだった
3　書くことになった
4　書いたことだった

[6] 後輩「それ、何ですか。」
　　先輩「京都の写真だよ。」
　　後輩「あ、京都へ（　　）んですか。桜がきれいだったでしょう。」
1　参られた
2　いられた
3　伺われた
4　行かれた

148 ── 模擬試験

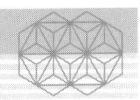

[7] そんなに仕事を（　　　）、体をこわしますよ。
1　したばかりだと　　　　　　2　してばかりいると
3　したところでは　　　　　　4　したところだと

[8] 球技というのは、ボールを使うスポーツ（　　　）。
1　というのだ　　　　　　　　2　というものだ
3　という　　　　　　　　　　4　のことだ

[9] わたしがこの町のことをよく知っているのは、前に（　　　）。
1　住んでいたんですから　　　2　住んでいたからなんです
3　住んでいたんです　　　　　4　住んでいました

[10] 報告書はこのような書き方では（　　　）と思います。
1　わかりやすかった　　　　　2　わかってもらいたい
3　わかってもらえない　　　　4　わかりそうだ

[11] 店長「あれ、田中君は？」
店員「さっき電話があって、少し（　　　）。」
1　遅れることです　　　　　　2　遅れるとのことです
3　遅れようとしています　　　4　遅れようと言っています

[12] わたしは疲れたら無理をしないで十分（　　　）。
1　寝るようにしている　　　　2　寝るようになっている
3　寝るということだ　　　　　4　寝るというところだ

[13] A「今度の試験、受けないんですか。」
B「ええ。でも、合格を（　　　）。次回受けます。」
1　あきらめたわけではありません　　　2　あきらめたつもりではありません
3　あきらめないわけにはいきません　　4　あきらめないのではありません

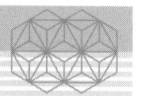

問題2 つぎの文の ★ に入る最もよいものを、1・2・3・4から一つえらびなさい。

14 子どものころから、＿＿＿ ＿＿＿ ★ ＿＿＿と言われてきた。
　1　考えて　　　2　行動する　　　3　周りのことを　　4　ように

15 わたしは＿＿＿ ＿＿＿ ★ ＿＿＿必ず答えはあると思う。
　1　難しい　　　2　どんなに　　　3　たとえ　　　　4　問題でも

16 会う約束をした友だちから＿＿＿ ＿＿＿ ★ ＿＿＿メールが来た。
　1　電車が　　　2　乗っている　　3　という　　　　4　止まっている

17 古くなった歯ブラシを掃除用具＿＿＿ ＿＿＿ ★ ＿＿＿した。
　1　使う　　　　2　として　　　　3　に　　　　　　4　こと

18 学生「先生、スピーチではわたしの家族の話をしたいんですが……。」
　　先生「うーん。スピーチのテーマは何でも＿＿＿ ＿＿＿ ★ ＿＿＿ことだけです。」
　1　わけではなく　　2　に関する　　　3　日本文化　　　4　いいという

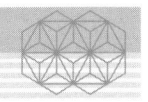

問題3 つぎの文章を読んで、文章全体の内容を考えて、 19 から 23 の中に入る最もよいものを、1・2・3・4から一つえらびなさい。

米

リー　リサ

　わたしは毎日昼ごはんにはおにぎりを食べます。おにぎりを食べると、元気が出るような気がします。おにぎりを食べながら、米について 19 。

　米作りは大昔、アジアの暖かい地方で始まったと考えられています。そして、今、米は 20 食べられています。エネルギーの素になり、また、栄養のバランスがいいということも主食になっている理由の一つだと思います。

　 21 今、日本では、若い人たちを中心に米を食べる人が減っていると聞きました。ご飯を炊いておかずを作るより、パン、うどん、ラーメンなどの方が簡単に食べられるからでしょう。もちろんいろいろな種類の食事ができることはとても楽しいことですが、わたしは米のよさがもっと 22 と思います。日本の気候は米作りに合っているので、国内でおいしい米ができます。わたしはその土地で昔から作られてきたものを食べるのがいちばん体に合っていて健康的だと考えています。そういう意味で、米は日本人にとって最も健康的な食品 23 。

19	1　いろいろなことを知っています	2	いろいろなことが知られています
	3　いろいろなことを考えます	4	いろいろなことが考えられます
20	1　アジアの人たちの主食が	2	アジアの人たちが主食で
	3　アジアの人たちが主食として	4	アジアの人たちの主食として
21	1　つまり	2	ところが
	3　または	4	しかも
22	1　見直されたからいい	2	見直されたらいいのに
	3　見直せるからいい	4	見直してあればどうか
23	1　なのではないでしょうか	2	だと言えるのでしょうか
	3　なのではないでしょう	4	のわけではないでしょう

第2回 /23点

問題1 つぎの文の（　　）に入れるのに最もよいものを、1・2・3・4から一つえらびなさい。

1 最後の問題の答えを書いた（　　）、試験の終わりのベルが鳴った。
1　ばかりで　　　　　　　　2　ままで
3　ところで　　　　　　　　4　とおりで

2 虫がいたので（　　）、どこかに逃げられてしまった。
1　捕まえるようにしたら　　2　捕まえようとしたが
3　捕まえることにして　　　4　捕まえるようになって

3 A「昼ごはん、もう食べた？」
B「うん、（　　）けど、まだ、おなかがすいている。」
1　食べるようにした　　　　2　食べようとした
3　食べることにした　　　　4　食べたことは食べた

4 皆さんご存じ（　　）、この学校ができてから来年で60年になります。
1　によれば　　　　　　　　2　によって
3　のように　　　　　　　　4　のことに

5 A「突然おじゃまして、すみませんでした。」
B「こちらこそ、せっかく（　　）、時間がなくてすみませんでした。」
1　来てくれて　　　　　　　2　来てくれたのに
3　来てくれたら　　　　　　4　来てくれたなら

6 虫に刺されたところが赤くなって、かゆい（　　）痛くなった。
1　というので　　　　　　　2　というより
3　といって　　　　　　　　4　というほど

152 ── 模擬試験

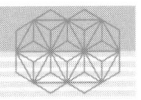

7 あのとき君に(　　　)、ぼくの人生はきっと全然違っていただろう。
   1 会っていなければ　　　　2 会ってからでなければ
   3 会ったことから　　　　　4 会ったのだから

8 A「ああ、どうしよう。あしたのスピーチ、うまくできるかなあ。」
   B「(　　　)よ。お客さんはみんな知っている人たちばかりだから。」
   1 心配することはない　　　2 心配するわけではない
   3 心配しないことがある　　4 心配しないわけだよ

9 日本は朝だが、わたしの国と時差が5時間あるから、母はまだ寝ている(　　　)。
   1 べきだ　　　　2 ことだ
   3 つもりだ　　　4 はずだ

10 来週の予定を(　　　)、その日行けるかどうかお返事できません。
   1 確認するのでは　　　　　2 確認するなら
   3 確認しようとしてから　　4 確認してからでなければ

11 時間があればわたしにも意見を(　　　)です。言いたいことがあったんです。
   1 言わせてもらいたかった　2 言ってもらいたかった
   3 言ってくれたらよかった　4 言わせたかった

12 病院に来た人「あのう、診察の申し込みはどうすればいいんでしょうか。」
   病院の人　　「あ、初めてなんですね。では、あそこの窓口で(　　　)。」
   1 お参りください　　　　2 伺いませんか
   3 おたずねください　　　4 お聞きしませんか

13 ぼくがいいかげんな気持ちだったら、親がこの結婚に賛成して(　　　)。
   1 くれるわけがない　　　2 あげるわけにはいかない
   3 くれないわけがない　　4 あげないわけにはいかない

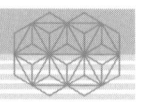

問題2　つぎの文の＿★＿に入る最もよいものを、1・2・3・4から一つえらびなさい。

14　祖父は子どもの＿＿＿ ＿＿＿ ★ ＿＿＿わたしにくれた。
　　1　時計を　　　　2　大切に　　　　3　ときから　　　4　していた

15　値段が高ければ＿＿＿ ＿＿＿ ★ ＿＿＿というわけではない。
　　1　いい　　　　　2　高い　　　　　3　品質が　　　　4　ほど

16　先生「君は、＿＿＿ ＿＿＿ ★ ＿＿＿やることも考えなさい。」
　　生徒「はい、わかりました。」
　　1　手伝ってもらう　2　自分の力で　　3　ほかの人に　　4　ばかりでなく

17　この図書館で＿＿＿ ＿＿＿ ★ ＿＿＿ようになっている。
　　1　本は　　　　　2　コンビニでも　3　返せる　　　　4　借りた

18　彼に会って直接＿＿＿ ＿＿＿ ★ ＿＿＿断られた。
　　1　会いたくない　2　話し合おう　　3　と言って　　　4　としたが

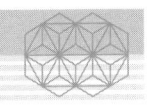

問題3　つぎの文章を読んで、文章全体の内容を考えて、 19 から 23 の中に入る最もよいものを、1・2・3・4から一つえらびなさい。

「わたしが生まれた町」

　わたしが生まれたのは、海のそばの小さな 19 。この町の人はだいたい海に関係がある仕事をしています。わたしの父と祖父は船に乗って遠くの海まで魚を捕りに行っていますし、母は港の近くの工場で貝をむいています。小さな町なので、大きい病院やデパートなどはありません。必要なときは車で遠くまで行かなければなりません。ですから、大人になると、みんな町を出ていってしまいます。 20 。

　子どものころは、わたしの町はどの都市からも遠くて、どこにも簡単に行けないさびしい町だと思っていました。 21 、今では考えが変わりました。この町の人は、小さい子どもでも、世界のいろいろな港の名前やそこでどんなものが捕れるかをよく知っています。子どものときから、周りの大人に世界中の海の話を 22 育つからです。わたしたちは海の様子や捕れた魚の量を見て、地球の反対側の海の温度や、海水の流れなどを想像することができます。どこからも離れていると思っていたわたしの町は、実は、海の向こうの世界と 23 。

19　1　町です　　　　　　　　　　2　町があります
　　3　町にあります　　　　　　　4　町で生まれました
20　1　わたしもそれでした　　　　2　わたしもそうでした
　　3　みんなもそうでした　　　　4　みんなもその人たちでした
21　1　そこで　　　　　　　　　　2　そのうえ
　　3　一方　　　　　　　　　　　4　けれども
22　1　聞かれて　　　　　　　　　2　聞かせて
　　3　聞かされて　　　　　　　　4　聞いていって
23　1　つながったのです　　　　　2　つながっているのです
　　3　つながるのでしょうか　　　4　つながったのでしょうか

索引

あ

あ	134
〜間…	16
〜間に…	16

い

いくら	93
一方	140
〜一方（で）…	24
今に	92
今にも	92

う

受身	128
〜うちに…	16
〜（よ）うとする	51

お

〜おかげだ	31
〜おかげで…	31
おそらく	92

か

が	136
〜かけだ	96
〜かける	96
〜がちだ	97
か（どうか）	104
〜かのようだ	70
〜かのように…	70
〜から…	30
〜から…にかけて	110
〜かわりに…	25

き

〜きる	96
禁止（〜な）	46

く

〜くする	84
〜くなる	84
くらい（ぐらい）［軽い程度］	59、61
〜くらい…（〜ぐらい…）［同じ程度］	22、59
〜くらい…はない（〜ぐらい…はない）	22
〜くらいだ（〜ぐらいだ）	22
〜くらいなら…（〜ぐらいなら…）	23

け

決して	92
謙譲語	52、53

こ

こ	134
こそ	58
こと	66、69
〜こと	46
〜ことがある	66
〜ことから…	30
〜ことにしている	50、85
〜ことにする	50、84
〜ことになっている	85
〜ことになる	84
〜ことは〜が、…	39
〜ことはない	66

さ

さえ	58
〜さえ〜なら…	32
〜さえ〜ば…	32
〜させていただきたい	44
〜させてほしい	44
〜させてもらいたい	44
さらに	140

し

使役	128
使役受身	128
しか	61
しかも	140
次第に	92
したがって	140
自動詞	122

す

〜すぎだ	97

〜すぎる	97
少しずつ	92
少しも	92
すでに	92
する	84
すると	140

せ

〜せいだ	31
〜せいで…	31
せっかく	93
〜(さ)せていただきたい	44
〜(さ)せてほしい	44
〜(さ)せてもらいたい	44
ぜひ	93

そ

そ	134
そう	92
そこで	140
そのうえ	140
そのうち	92
そのため	140
それに対して	140
それも	140
尊敬語	52
そんなに	92

た

たいして	92
だが	140
だけ	59
〜出す	96
ただ[副詞]	93
ただ[接続表現]	141
ただし	141
他動詞	122
たとえ〜ても…(たとえ〜でも…)	33、93
〜たところだ	83
〜たばかりだ	81、83

〜たびに…	18
〜ためだ	30
〜ため(に)…[原因]	30
〜ために[目的]	73
〜たら…[事実とは違う]	33
〜たら…[仮定]	91
〜たら…た	88
〜たらいい	45
〜だらけだ	97
〜たらどうか	47

ち

ちょうど	93

つ

〜ついでに…	19
〜って	37
〜っぽい	97
つまり	140
〜つもりだ	51
〜づらい	97

て

〜てあげる	130
〜ていく	124
〜ていただきたい	44
丁寧語	53
〜ている	118
〜てからでないと…	17
〜てからでなければ…	17
〜てくる	124
〜てくれる	130
〜ては…	32
〜(の)では…	32
〜てばかりいる	80
〜てほしい	44
でも	58
〜てもらいたい	44
〜てもらう	130

と

と[引用]	104
～と…[仮定]	91
～と…た[事実に気づく・偶然起こる・～をきっかけに起こる]	88
～と…た[続けてする]	89
～といい	45
～という[～だそうだ]	37
～という[名詞を説明する]	108
～ということだ	36
～というのは…だ	67
～というより…	25
～というわけだ	74
～というわけではない	38
～といった	108
～と言われている	36
どうか	93
どうも	92
～通す	96
～とおりだ(～どおりだ)	18
～とおり(に)…(～どおり(に)…)	18
～とか	37
～ところ(+助詞)…	17
ところが	140
～ところだ	17
ところで	141
～として…	63
～とのことだ	36
～とは限らない	38
どんなに	93

な

～ないことはない	39
～ないわけにはいかない	75
なぜかというと	140
なぜなら	140
など	59
～(の)なら…	32
～なら…	33
～なら～ほど…	19
なる	84
なんか	59
なんとかして	93

に

～に限る	23
～にくい	96
～にしている	85
～にする[状態を変える]	84
～にする[決める]	84
～に対して…[対比]	24
～に対して…[行為・態度の対象]	62、65
～に対する	62
～について…	62、65
～にとって…	63、65
～になっている	85
～になる[状態が変わる]	84
～になる[決まる]	84
～によって…[一定でない]	18
～によって…[原因・手段]	30
～によって…[受身文の行為をする人]	62
～によっては…	18
～による	30

の

の	66
～のだから…	31
～のでは…	32
～のではない	38
～のではないか	67
～のではないだろうか	67
～のなら…	32
～のに(は)…	67
～のは…だ	67
～のようだ	70、97、99
～のように…	70

158 — 索引

は

は	136
～ば…[事実とは違う]	33
～ば…[仮定]	91
～ばいい	45
～ばかり…	80
～ばかりだ	81
～ばかりでなく…	80
～は…ことだ	66
～はずがない	38
～はずだ	77
～ば～ほど…	19
～はもちろん…も	110
～反面…	24

へ

～べき	47
～べきだ	47
～べきではない	47

ほ

～ほど…	22
(～ば・～なら)～ほど…	19
～ほど…はない	22
～ほどだ	22

ま

ますます	92
また	140
または	140
全く	92
まで	58、61
まるで	93
万一	93
万が一	93

み

～みたいだ	97、99

め

命令(しろ)	46
めったに	92

も

も	58、61
～も…なら～も…	89
～も…ば～も…	89
もしかしたら	92
もしかすると	92
もしも	93
物	69

や

～やすい	96

よ

～よう…	71
～(かの)ようだ	70
～ようとする	51
～ように…[期待]	71、73
～ように…[大体同じ・例を示す]	70
～ように…[前置き]	71
～ように…[要求]	71
～(かの)ように…	70
～ようにしている	50、85、87
～ようにする[習慣的に心がける]	50、85
～ようにする[目的のために変化を起こす]	85
～ようにと…	71
～ようになっている	85、87
～ようになる	85

ら

～らしい	97、99

わ

～わけがない	38
～わけだ	74、77
～わけではない	38
～わけにはいかない	74

を

～を…として	110
～を…に	110

著者
友松悦子
　　地域日本語教室　主宰
福島佐知
　　拓殖大学別科日本語教育課程、亜細亜大学全学共通科目担当、
　　東京外国語大学世界教養プログラム　非常勤講師
中村かおり
　　拓殖大学外国語学部　准教授

翻訳
LÊ MAI（レ・マイ）
　　ハノイ国家大学・外国大学・東洋言語文化学部　教師

ベトナム語校正
LÊ LỆ THỦY（レー・レ・トゥイ）

イラスト
山本和香

装丁・本文デザイン
糟谷一穂

新完全マスター文法　日本語能力試験N3
ベトナム語版

2015年7月10日　初版第1刷発行
2023年1月17日　第 7 刷 発 行

著　者　友松悦子　福島佐知　中村かおり
発行者　藤嵜政子
発　行　株式会社スリーエーネットワーク
　　　　〒102-0083　東京都千代田区麹町3丁目4番
　　　　　　　　　　トラスティ麹町ビル2Ｆ
　　　　電話　営業　03（5275）2722
　　　　　　　編集　03（5275）2725
　　　　https://www.3anet.co.jp/
印　刷　萩原印刷株式会社

ISBN978-4-88319-717-0　C0081
落丁・乱丁本はお取替えいたします。
本書の全部または一部を無断で複写複製（コピー）することは著作権
法上での例外を除き、禁じられています。

■ 新完全マスターシリーズ

● 新完全マスター漢字
日本語能力試験N1
　1,320円(税込)〔ISBN978-4-88319-546-6〕
日本語能力試験N2（CD付）
　1,540円(税込)〔ISBN978-4-88319-547-3〕
日本語能力試験N3
　1,320円(税込)〔ISBN978-4-88319-688-3〕
日本語能力試験N3 ベトナム語版
　1,320円(税込)〔ISBN978-4-88319-711-8〕
日本語能力試験N4
　1,320円(税込)〔ISBN978-4-88319-780-4〕

● 新完全マスター語彙
日本語能力試験N1
　1,320円(税込)〔ISBN978-4-88319-573-2〕
日本語能力試験N2
　1,320円(税込)〔ISBN978-4-88319-574-9〕
日本語能力試験N3
　1,320円(税込)〔ISBN978-4-88319-743-9〕
日本語能力試験N3 ベトナム語版
　1,320円(税込)〔ISBN978-4-88319-765-1〕
日本語能力試験N4
　1,320円(税込)〔ISBN978-4-88319-848-1〕

● 新完全マスター読解
日本語能力試験N1
　1,540円(税込)〔ISBN978-4-88319-571-8〕
日本語能力試験N2
　1,540円(税込)〔ISBN978-4-88319-572-5〕
日本語能力試験N3
　1,540円(税込)〔ISBN978-4-88319-671-5〕
日本語能力試験N3 ベトナム語版
　1,540円(税込)〔ISBN978-4-88319-722-4〕
日本語能力試験N4
　1,320円(税込)〔ISBN978-4-88319-764-4〕

● 新完全マスター単語
日本語能力試験N1 重要2200語
　1,760円(税込)〔ISBN978-4-88319-805-4〕
日本語能力試験N2 重要2200語
　1,760円(税込)〔ISBN978-4-88319-762-0〕

改訂版　日本語能力試験N3 重要1800語
　1,760円(税込)〔ISBN978-4-88319-887-0〕
日本語能力試験N4 重要1000語
　1,760円(税込)〔ISBN978-4-88319-905-1〕

● 新完全マスター文法
日本語能力試験N1
　1,320円(税込)〔ISBN978-4-88319-564-0〕
日本語能力試験N2
　1,320円(税込)〔ISBN978-4-88319-565-7〕
日本語能力試験N3
　1,320円(税込)〔ISBN978-4-88319-610-4〕
日本語能力試験N3 ベトナム語版
　1,320円(税込)〔ISBN978-4-88319-717-0〕
日本語能力試験N4
　1,320円(税込)〔ISBN978-4-88319-694-4〕
日本語能力試験N4 ベトナム語版
　1,320円(税込)〔ISBN978-4-88319-725-5〕

● 新完全マスター聴解
日本語能力試験N1（CD付）
　1,760円(税込)〔ISBN978-4-88319-566-4〕
日本語能力試験N2（CD付）
　1,760円(税込)〔ISBN978-4-88319-567-1〕
日本語能力試験N3（CD付）
　1,650円(税込)〔ISBN978-4-88319-609-8〕
日本語能力試験N3 ベトナム語版（CD付）
　1,650円(税込)〔ISBN978-4-88319-710-1〕
日本語能力試験N4（CD付）
　1,650円(税込)〔ISBN978-4-88319-763-7〕

■ 読解攻略！
日本語能力試験 N1 レベル
　1,540円(税込)〔ISBN978-4-88319-706-4〕

■ 日本語能力試験模擬テスト
CD付　各冊990円(税込)

● 日本語能力試験N1 模擬テスト
〈1〉(ISBN978-4-88319-556-5)
〈2〉(ISBN978-4-88319-575-6)
〈3〉(ISBN978-4-88319-631-9)
〈4〉(ISBN978-4-88319-652-4)

● 日本語能力試験N2 模擬テスト
〈1〉(ISBN978-4-88319-557-2)
〈2〉(ISBN978-4-88319-576-3)
〈3〉(ISBN978-4-88319-632-6)
〈4〉(ISBN978-4-88319-653-1)

● 日本語能力試験N3 模擬テスト
〈1〉(ISBN978-4-88319-841-2)
〈2〉(ISBN978-4-88319-843-6)

● 日本語能力試験N4 模擬テスト
〈1〉(ISBN978-4-88319-885-6)
〈2〉(ISBN978-4-88319-886-3)

スリーエーネットワーク

ウェブサイトで新刊や日本語セミナーをご案内しております。
https://www.3anet.co.jp/

新完全マスター 文法 日本語能力試験 N3 ベトナム語版

別冊(べっさつ)

解答(かいとう)

スリーエーネットワーク

解答

実力養成編
第1部　文の文法1

練習(1課・2課)　P20〜P21
[1課] 1. b　2. c　3. c　4. b　5. a
6. a　7. a　8. c　9. c
[2課] 1. c　2. a　3. a　4. c　5. b
6. a　7. b　8. b　9. c
[1課・2課]
1. c　2. a　3. a　4. b　5. a
6. b　7. c　8. a　9. c

練習(3課・4課)　P26〜P27
[3課] 1. c　2. a　3. b　4. b　5. a
6. c　7. c　8. a　9. b
[4課] 1. a　2. a　3. a　4. b　5. b
6. a　7. a　8. b　9. c
[3課・4課]
1. c　2. a　3. b　4. a　5. c
6. b　7. a　8. b　9. a

まとめ問題(1課〜4課)　P28〜P29
[1] 3　[2] 4　[3] 2　[4] 2　[5] 1
[6] 1　[7] 2　[8] 3　[9] 3　[10] 1
[11] 4　[12] 2　[13] 1

練習(5課・6課)　P34〜P35
[5課] 1. b　2. a　3. a　4. a　5. c
6. c　7. a　8. b　9. a
[6課] 1. c　2. a　3. b　4. b　5. b
6. a　7. c　8. c
[5課・6課]
1. b　2. c　3. a　4. c　5. b
6. b　7. b　8. c　9. a　10. b

練習(7課・8課)　P40〜P41
[7課] 1. b　2. c　3. a　4. c　5. a
6. b　7. a　8. c
[8課] 1. a　2. c　3. a　4. b　5. c
6. c　7. a　8. c

[7課・8課]
1. b　2. a　3. c　4. b　5. c
6. a　7. b　8. b　9. a　10. a

まとめ問題(1課〜8課)　P42〜P43
[1] 4　[2] 2　[3] 3　[4] 2　[5] 3
[6] 1　[7] 3　[8] 2　[9] 4　[10] 2
[11] 1　[12] 4　[13] 1

練習(9課・10課)　P48〜P49
[9課] 1. a　2. b　3. b　4. c　5. a
6. c　7. a　8. b
[10課] 1. c　2. a　3. c　4. a　5. c
6. b　7. a　8. a　9. b　10. c
[9課・10課]
1. a　2. b　3. b　4. c　5. a
6. c　7. a　8. c　9. b

練習(11課・12課)　P54〜P55
[11課] 1. b　2. b　3. a　4. a　5. b
6. c　7. b　8. c　9. a
[12課] 1. b　2. b　3. c　4. a　5. b
6. a　7. c　8. a　9. b
[11課・12課]
1. b　2. b　3. a　4. c　5. c
6. b　7. a　8. b

まとめ問題(1課〜12課)　P56〜P57
[1] 4　[2] 2　[3] 3　[4] 2　[5] 1
[6] 4　[7] 3　[8] 2　[9] 4　[10] 1
[11] 4　[12] 1　[13] 4

A　P60〜P61
[練習1] 1. b　2. g　3. f　4. e　5. c
6. a　7. d
[練習2] 1. a　2. b　3. b　4. a　5. a
6. b　7. b
[ワンポイントレッスン]
1. しか　2. も
3. しか　4. も

5. まで　　　6. ぐらい
7. ぐらい　　8. まで

B　　　　　　　　　　　　　　　　P64～P65

[練習1] 1. b　2. e　3. a　4. c　5. e
6. a　7. c　8. d　9. b　10. d
11. c　12. a　13. e　14. c

[練習2] 1. b　2. a　3. a　4. b　5. a

[ワンポイントレッスン]
1. a　2. c　3. b　4. b　5. b
6. a　7. c　8. c

C　　　　　　　　　　　　　　　　P68～P69

[練習1] 1. c　2. a、c　3. a、c　4. b

[練習2] 1. の　　　2. の
3. こと　　4. こと
5. の　　　6. の
7. の　　　8. こと
9. の　　　10. の
11. の　　　12. の

[ワンポイントレッスン]
1. 物　　　2. こと
3. こと　　4. 物
5. こと　　6. 物
7. 物　　　8. こと
9. ①物　　②こと

D　　　　　　　　　　　　　　　　P72～P73

[練習1] 1. b　2. a　3. c　4. b　5. b
6. c　7. b　8. c　9. b　10. a
11. b　12. b　13. b

[練習2] 1. b　2. b　3. b　4. a　5. b
6. a　7. a　8. a

[ワンポイントレッスン]
1. ために　　2. ように
3. ように　　4. ために
5. ように　　6. ように
7. ために　　8. ように
9. ために　　10. ように

E　　　　　　　　　　　　　　　　P76～P77

[練習1] 1. b　2. c　3. b　4. b　5. a
6. c　7. a　8. b　9. a　10. a

[練習2] 1. c　2. b　3. a　4. b　5. c

[ワンポイントレッスン]
1. はず　　2. わけ
3. はず　　4. はず
5. わけ　　6. はず

まとめ問題（A～E）　　　　　　　P78～P79

|1| 3　|2| 4　|3| 1　|4| 2　|5| 1
|6| 2　|7| 3　|8| 1　|9| 1　|10| 1
|11| 2　|12| 4　|13| 3

F　　　　　　　　　　　　　　　　P82～P83

[練習1] 1. 見て　　　　2. 始まった
3. 便利な／便利である
4. ひどくなる　5. 降り始めた
6. 押す　　　　7. 見ている
8. 会った　　　9. 聞く
10. 悩んで

[練習2] 1. b　2. c　3. c　4. a　5. a
6. c　7. a　8. b

[ワンポイントレッスン]
1. ばかり　　2. ところ
3. ところ　　4. ばかり
5. ばかり　　6. ところ
7. ばかり

G　　　　　　　　　　　　　　　　P86～P87

[練習1] 1. a　2. b　3. a　4. a　5. b
6. b　7. b　8. a　9. a　10. a
11. b　12. b　13. a　14. b　15. a

[練習2] ①a　②a　③b　④a　⑤a
⑥a

[ワンポイントレッスン]
1. a　2. b　3. b　4. b　5. a
6. b　7. a

H
P90～P91

練習1 1. b　2. a　3. b　4. a　5. a
　　　　6. a　7. a　8. b　9. a　10. b

練習2 1. a　2. b　3. a　4. c　5. c
　　　　6. c　7. a　8. b

ワンポイントレッスン
　　1. b　2. a、b　3. b　4. a、b
　　5. a、b　6. b　7. b

I
P94～P95

練習1 1. a　2. c　3. b　4. a　5. c
　　　　6. a　7. c　8. b　9. b　10. a
　　　　11. c　12. a　13. a　14. b

練習2 1. c　2. a　3. b　4. c　5. b
　　　　6. c　7. b　8. a　9. a　10. b
　　　　11. c　12. b　13. a

J
P98～P99

練習1 1. b　2. c　3. c　4. b　5. c
　　　　6. a　7. b　8. a　9. c　10. a

練習2 1. やすい　　2. らしく
　　　　3. かけな　　4. にくい
　　　　5. だらけだ　6. みたいな
　　　　7. らしい　　8. やすい
　　　　9. すぎ　　　10. かけの

ワンポイントレッスン
　　1. b　2. a　3. a　4. b　5. b
　　6. b　7. a

まとめ問題（A～J）
P100～P101

1	4	2	2	3	3	4	3	5	2
6	4	7	1	8	2	9	1	10	3
11	2	12	4	13	4

第2部　文の文法2

1課
P105

1	4 (2143)	2	4 (2143)
3	4 (1342)	4	3 (4132)
5	1 (2413)	6	2 (3124)
7	4 (3142)	8	3 (4231)
9	2 (3421)	10	1 (2413)

2課
P107

1	2 (1324)	2	1 (3214)
3	3 (1432)	4	1 (2413)
5	2 (1423)	6	2 (4321)
7	4 (2341)	8	1 (3214)
9	1 (3214)	10	2 (3421)

3課
P109

1	4 (2143)	2	3 (4132)
3	1 (3214)	4	3 (4231)
5	2 (3124)	6	3 (4132)
7	1 (4213)	8	4 (3241)
9	4 (2341)	10	1 (4213)

4課
P111

1	3 (4132)	2	4 (1342)
3	4 (2143)	4	2 (3421)
5	4 (3142)	6	1 (4213)
7	3 (2431)	8	1 (2314)
9	1 (3214)	10	3 (4132)

まとめ問題（1課～4課）
P112～P113

1	2 (4321)	2	3 (1432)
3	3 (2431)	4	4 (2143)
5	2 (3421)	6	4 (3142)
7	2 (3124)	8	3 (2431)
9	1 (2413)	10	1 (2413)
11	3 (1432)	12	3 (2431)
13	1 (2413)	14	4 (3142)
15	1 (2413)	16	4 (3142)
17	4 (3142)	18	2 (3124)

第3部　文章の文法

1課　P117

練習　1. a　2. b　3. b　4. b　5. a
　　　6. b　7. a　8. b　9. a　10. a

2課　P119

練習1　1. b　2. b　3. a　4. b　5. b
　　　6. a　7.①a ②b　8.①b ②a

練習2　1. いた　2. もらってきた
　　　3. 持っていた　4. やる
　　　5. 入れた　6. なっていなかった
　　　7. 就職できた

まとめ問題（1課・2課）　P120～P121

1. ①1　②2　③1　④2　⑤4
2. ①2　②3　③1　④1　⑤4

3課　P123

練習　1. ①戻し　②消え
　　　2. ①切れない　②切る
　　　3. ①開い　②開けた
　　　　③出る　④閉める
　　　4. ①生まれた　②育てる
　　　　③産んだ　④育っ
　　　5. ①起き　②止まっ
　　　　③入れ　④起こし

4課　P125

練習　1. ①きた　②きて
　　　2. ①きて　②くる
　　　　③きた
　　　3. ①きた　②くる
　　　　③きて　④いった
　　　　⑤くれ
　　　4. ①きた　②きて
　　　　③きて　④いった

まとめ問題（3課・4課）　P126～P127

1. ①1　②3　③2　④3　⑤2
2. ①2　②3　③4　④1　⑤1

5課　P129

練習　1. ①紹介され　②手伝わせ
　　　　③手伝わせる
　　　2. ①触らせ　②走らされ
　　　　③注意され　④させられる
　　　　⑤出場させ　⑥ほめられ
　　　3. ①送っ　②笑わせ
　　　　③育て　④言わ
　　　　⑤遊ばせ　⑥育て
　　　4. ①感じさせ　②し
　　　　③置い　④こられ
　　　　⑤あきさせ　⑥待たせ

6課　P131

練習　1. ①c　②a　③b
　　　2. ①b　②b　③c　④c
　　　3. ①b　②c　③b　④a

まとめ問題（5課・6課）　P132～P133

1. ①2　②1　③4　④1　⑤2
2. ①2　②1　③4　④1　⑤3

7課　P135

練習　1. a　2. a　3. b　4. a　5. a
　　　6. b　7. a　8. b　9. a
　　　10.①a　②a　③b

8課　P137

練習　1. ①が　②が　③は　④は　⑤は
　　　⑥が　⑦が　⑧が　⑨は　⑩が
　　　⑪は　⑫が　⑬は

2. ①が　②は　③が　④は　⑤が
　　⑥が　⑦は　⑧が　⑨は

まとめ問題（7課・8課）　P138～P139

1. [1] 1　[2] 3　[3] 3　[4] 2
　　[5] 4
2. [1] 2　[2] 3　[3] 4　[4] 1
　　[5] 1

9課　P141

練習 1. a　2. b　3. c　4.①c　②a
　　　5.①b　②c　③b

10課　P143

練習 ①大勢／多く　　②非常に／大変
　　　③と　　　　　④しかし／だが
　　　⑤少し　　　　⑥など
　　　⑦できる　　　⑧では
　　　⑨やはり
　　　⑩いろいろな／さまざまな
　　　⑪なのでは　　⑫ないだろうか

まとめ問題（9課・10課）　P144～P145

1. [1] 2　[2] 1　[3] 3　[4] 4
　　[5] 2
2. [1] 3　[2] 2　[3] 1　[4] 4
　　[5] 1

模擬試験

第1回　P148～P151

問題1　[1] 2　[2] 3　[3] 3　[4] 1
　　　[5] 2　[6] 4　[7] 2　[8] 4
　　　[9] 2　[10] 3　[11] 2　[12] 1
　　　[13] 1
問題2　[14] 2（3124）　[15] 1（3214）
　　　[16] 4（2143）　[17] 4（2143）
　　　[18] 3（4132）

問題3　[19] 3　[20] 4　[21] 2　[22] 2
　　　[23] 1

第2回　P152～P155

問題1　[1] 3　[2] 2　[3] 4　[4] 3
　　　[5] 2　[6] 2　[7] 1　[8] 1
　　　[9] 4　[10] 4　[11] 1　[12] 3
　　　[13] 1
問題2　[14] 4（3241）　[15] 3（2431）
　　　[16] 4（3142）　[17] 2（4123）
　　　[18] 1（2413）
問題3　[19] 1　[20] 2　[21] 4　[22] 3
　　　[23] 2

7